국가공인
필수교재

KB270275

한자능력 검정시험

기출·예상문제집
한국어문회가 직접 발간한 문제집

7급

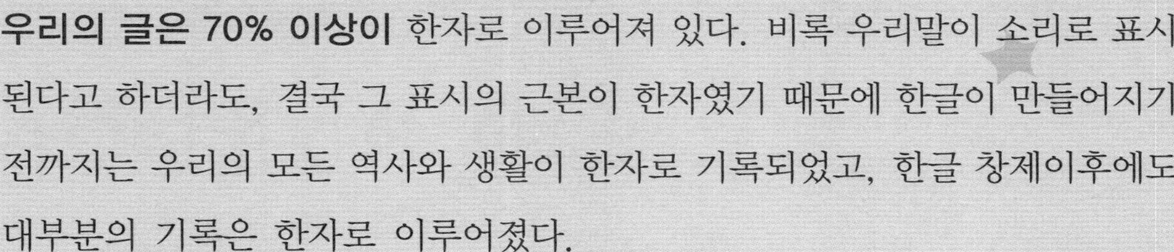

머리말

우리의 글은 70% 이상이 한자로 이루어져 있다. 비록 우리말이 소리로 표시되다고 하더라도, 결국 그 표시의 근본이 한자였기 때문에 한글이 만들어지기 전까지는 우리의 모든 역사와 생활이 한자로 기록되었고, 한글 창제이후에도 대부분의 기록은 한자로 이루어졌다.
따라서 우리의 학문, 역사, 민속 등 모든 문화유산은 한자를 모르고는 정확히 이해할 수 없으며, 무엇보다 지금 당장의 생활과 공부를 위해서도 한자가 필요한 것이다.

그 동안 어문교육에 대한 이견으로 한자 교육의 방향성이 중심을 잡지 못하고 표류하였으나 아무리 한글전용이 기본이고 어려운 한자어를 우리말로 바꾸는 작업을 꾸준히 한다 하더라도 눈앞에 문장을 이해하지 못하고 어쩔 수 없이 사교육의 영역에서 한자를 공부하는 현실을 부인할 수 없는 것이다. 공교육의 영역에서 충실한 한자교육이 이루어지지 못하는 지금의 상황에서는 한자학습의 주요한 동기부여수단의 하나인 동시에 학습결과도 확인해볼 수 있는 한자능력검정시험의 역할이 더욱 중요하기 때문에, 우선적으로 시험을 위한 문제집으로서 이 책을 출간하게 되었다. 한자공부가 어렵게만 느껴지는 분들에게 이 책이 충분히 도움이 될 것으로 믿으며, 한자학습을 지도하는 부모님들이나 선생님들의 부담도 덜어줄 것이라고 감히 추천하는 바이다.

이 책의 구성

- **출제 및 합격기준**
- **출제유형분석** – 학습이나 지도의 가이드라인을 제시
- **배정한자 및 사자성어 수록**
- **반대자**
- **유의자**
- **약자**
- **예상문제** – 기출문제분석에 의한 배정한자의 문제화
- **실제시험답안지** – 회별로 구성
- **최근 기출문제 8회분 수록**
- **배정한자 쓰기** – 100자 수록

이 책이 여러분들의 한자실력향상에 도움이 되기를 바란다.

편저자 씀

한자능력시험 급수별 출제기준

구 분	특급	특급II	1급	2급	3급	3급II	4급	4급II	5급	5급II	6급	6급II	7급	7급II	8급
읽기 배정 한자	5,978	4,918	3,500	2,355	1,817	1,500	1,000	750	500	400	300	225	150	100	50
쓰기 배정 한자	3,500	2,355	2,005	1,817	1,000	750	500	400	300	225	150	50	0	0	0
독 음	45	45	50	45	45	45	32	35	35	35	33	32	32	22	24
한자 쓰기	40	40	40	30	30	30	20	20	20	20	20	10	0	0	0
훈 음	27	27	32	27	27	27	22	22	23	23	22	29	30	30	24
완성형[성어]	10	10	15	10	10	10	5	5	4	4	3	2	2	2	0
반의어	10	10	10	10	10	10	3	3	3	3	3	2	2	2	0
뜻풀이	5	5	10	5	5	5	3	3	3	3	2	2	2	2	0
동음이의어	10	10	10	5	5	5	3	3	3	3	2	0	0	0	0
부 수	10	10	10	5	5	5	3	3	0	0	0	0	0	0	0
동의어	10	10	10	5	5	5	3	3	3	3	2	0	0	0	0
장단음	10	10	10	5	5	5	3	0	0	0	0	0	0	0	0
약 자	3	3	3	3	3	3	3	3	3	3	0	0	0	0	0
필 순	0	0	0	0	0	0	0	0	3	3	3	3	2	2	2
한 문	20	20	0	0	0	0	0	0	0	0	0	0	0	0	0

▶ 상위급수 한자는 모두 하위급수 한자를 포함하고 있습니다.

▶ 쓰기 배정 한자는 한두 급수 아래의 읽기 배정한자이거나 그 범위 내에 있습니다.

▶ 출제유형표는 기본지침자료로서, 출제자의 의도에 따라 차이가 있을 수 있습니다.

▶ 공인급수는 교육과학기술부로부터 국가공인자격 승인을 받은 특급·특급II·1급·2급·3급·3급II이며, 교육
급수는 한국한자능력검정회에서 시행하는 민간자격인 4급·4급II·5급·5급II·6급·6급II·7급·7급II·8급
입니다.

▶ 5급II·7급II는 신설 급수로 2010년 11월 13일 시험부터 적용됩니다.

▶ 6급II 읽기 배정한자는 2010년 11월 13일 시험부터 300자에서 225자로 조정됩니다.

한자능력검정시험 합격기준

구 분	특급	특급II	1급	2급	3급	3급II	4급	4급II	5급	5급II	6급	6급II	7급	7급II	8급
출제문항수	200	200	200	150	150	150	100	100	100	100	90	80	70	60	50
합격문항수	160	160	160	105	105	105	70	70	70	70	63	56	49	42	35
시험시간	100분	100분	90분	60분	60분	60분	50분	50분	50분	50분	50분	50분	50분	50분	50분

▶ 특급, 특급II, 1급은 출제 문항수의 80% 이상, 2급 ~ 8급은 70% 이상 득점하면 합격입니다.

차 례

유형분석(類型分析)

→ 기출문제의 유형들을 분석하여 실제문제에 완벽히 대비할 수 있도록 하였습니다.

7級에서는 8級과 달리 한자어의 讀音(독음), 한자의 訓(훈 : 뜻)과 音(음 : 소리), 筆順(필순 : 한자 낱글자의 쓰는 순서) 문제 외에 한자어의 빈칸을 메워 완성하는 문제, 뜻이 반대되는 글자나 단어를 지문에서 찾아내는 문제, 한자어의 뜻을 풀이하는 문제 등이 추가되며, 총 70문제가 출제된다.

우선 정해진 배정한자 150자 낱글자의 훈음과 쓰는 순서를 모두 익힌 뒤에 그 글자들이 어울려 만들어내는 한자어의 독음과 뜻도 학습하여야 한다. 그리고 반대자[뜻이 반대인 글자], 반대어[뜻이 반대인 한자어]의 개념도 학습하여야 한다.

시험에서 중요한 사항은 우선 출제자가 요구하는 답이 무엇인지 질문을 통해 확인하여야 한다. 기출문제를 풀어보면 알 수 있지만 대개 질문은 회차에 무관하게 각 급수별로 일정한 유형으로 정해져 있다. 따라서 기출문제를 통하여 질문에 익숙해져야 한다.

1 讀音(독음) 문제는 대개 지문과 함께 한자어가 제시된다.

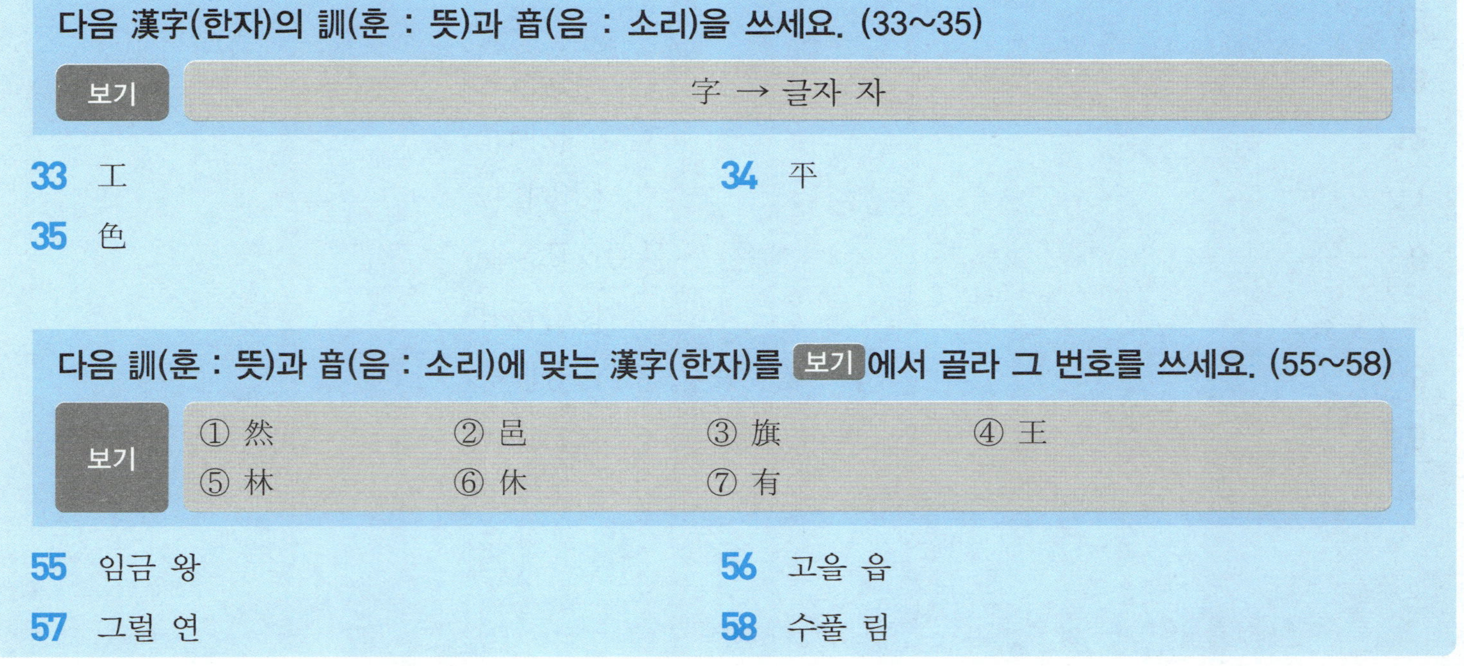

유형해설

기본적으로 한자 낱글자의 소리를 알고 있으면 답할 수 있다. 다만 8급에서와 마찬가지로 두음법칙이나 속음 등에 주의하면 된다. 여기의 **3** 女軍과 **4** 十月의 답은 '여군', '시월'로 하여야 하고 '녀군', '십월'로 하면 안 된다.

2 한자의 訓(훈 : 뜻)과 音(음 : 소리) 문제는 대개 다음과 같다.

다음 漢字(한자)의 訓(훈 : 뜻)과 音(음 : 소리)을 쓰세요. (33~35)

보기

字 → 글자 자

33 工   **34** 平

35 色

다음 訓(훈 : 뜻)과 音(음 : 소리)에 맞는 漢字(한자)를 보기 에서 골라 그 번호를 쓰세요. (55~58)

보기

① 然   ② 邑   ③ 旗   ④ 王
⑤ 林   ⑥ 休   ⑦ 有

55 임금 왕   **56** 고을 읍

57 그럴 연   **58** 수풀 림

유형해설

위의 訓(훈 : 뜻)과 音(음 : 소리) 문제는 한자 낱글자의 뜻과 소리를 알고 있으면 풀 수 있는 문제들이다.

3 한자의 筆順(필순 : 한자 낱글자의 쓰는 순서) 문제는 8급과 마찬가지로 한자 낱글자의 쓰는 순서를 알고 있으면 풀 수 있다.

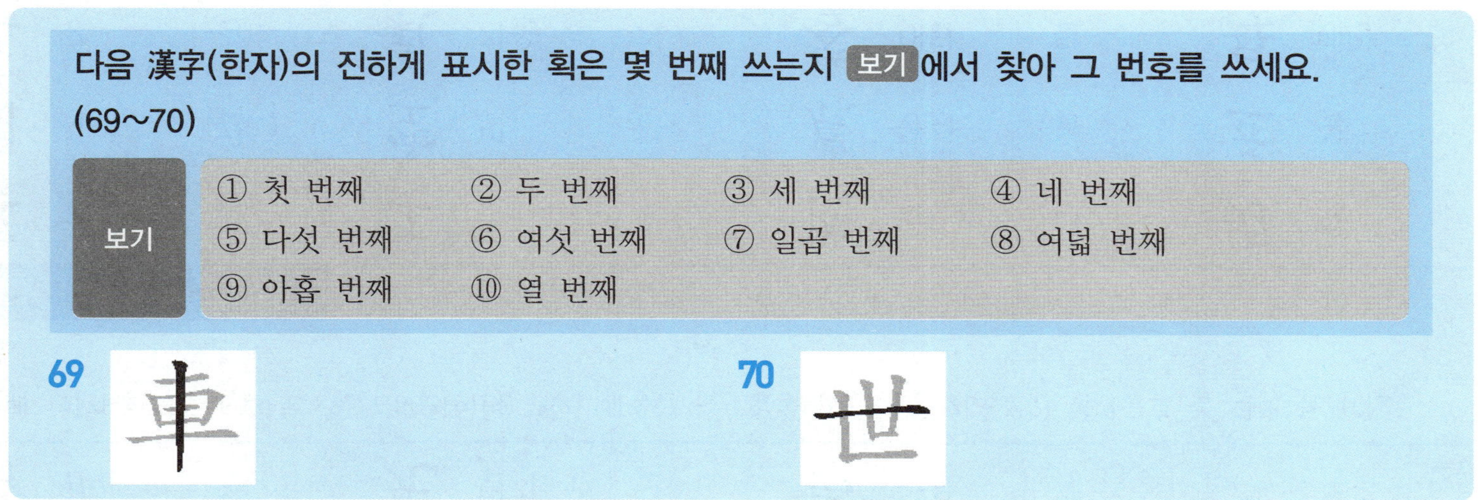

유 형 해 설

위의 문제처럼 대개 특정 획을 지정하여 몇 번째 쓰는 획인지를 물어보므로 한자 낱글자의 쓰는 순서를 평소에 익혀둔 다면 무리 없이 답할 수 있다. 참고로 획수와 번호는 서로 일치되게 하였으므로 번호를 고를 때는 해당 획수와 일치하는 번호를 고르면 된다. 예로 다섯 번째 획이면 ⑤번을 고르면 된다.

4 한자어의 뜻풀이 문제는 대개 다음과 같다.

유 형 해 설

뜻풀이 문제는 배정한자 범위 내에 있는 자주 쓰이는 한자어들을 익혀 두어야 한다. 대개 한자의 훈음으로 한자어의 뜻을 알 수 있지만 순우리말과 풀이 순서가 다르므로 한자어의 구조에 대하여도 기본적인 것은 학습하여 두어야 한다. 예로 植木은 보통 '심을 식, 나무 목'으로 익혀 植木을 '심는 나무' 등으로 풀이하기 쉬운데, 의미가 달라지므로 뒤에서부터 풀이하여 '나무를 심는 다.'라는 뜻이 드러나도록 표현하여야 한다.

5 상대어(반대어) 문제는 대개 상대(반대)되는 뜻을 지닌 한자를 찾아내는 형태이다.

유 형 해 설

평소에 상대(반대)의 개념과 상대(반대)자를 학습해 두어야만 풀 수 있다. 반대자는 대개 결합되어 한자어를 만드는 것들이 주로 출제된다. 위의 上下나 春秋는 그대로 반대되는 뜻을 지닌 채 결합한 한자어들인 것이다. 따라서 한자어를 학습할 때 이런 점에 관심을 두고 이런 한자어들을 따로 추려 공부해 두면 문제를 쉽게 풀 수 있다.

상대(반대)는 완전히 다른 것은 아니다. 비교의 기준으로서 같은 점이 있어야 하고 하나 이상은 달라야 반대가 되는 것이다. 上下를 예로 들면 둘 다 방향을 나타낸다는 점에서는 같으나 하나는 위쪽을 하나는 아래쪽을 나타낸다는 점에서 반대가 되는 것이다. 春夏를 예로 든다면 반대가 되지 않는다. 계절을 나타내는 점에서는 같으나 반대가 되는 것이 없기 때문이다. 봄이 아니라고 하여 반드시 여름인 것은 아니고 가을, 겨울도 있으므로 여름만이 봄의 반대가 될 수는 없다. 春秋는 다르다. 계절을 나타내는 점에서는 같으나 하나는 씨를 뿌리는 계절, 하나는 열매를 거두는 계절로 대비되는 점에서 반대가 될 수 있는 것이다.

배정한자(配定漢字)

8급~7급(150자)

한자음 뒤에 나오는 ":"는 장음 표시입니다. "(:)"는 장단음 모두 사용되는 한자이며, ":"나 "(:)"이 없는 한자는 단음으로만 쓰입니다.

8급 배정한자(50자)

教	가르칠	교:	母	어미	모:	小	작을	소:	中	가운데	중
校	학교	교:	木	나무	목	水	물	수	靑	푸를	청
九	아홉	구	門	문	문	室	집	실	寸	마디	촌:
國	나라	국	民	백성	민	十	열	십	七	일곱	칠
軍	군사	군	白	흰	백	五	다섯	오:	土	흙	토
金	쇠	금	父	아비	부	王	임금	왕	八	여덟	팔
	성(姓)	김	北	북녘	북	外	바깥	외:	學	배울	학
南	남녘	남		달아날	배:	月	달	월	韓	한국	한(:)
女	계집	녀	四	넉	사:	二	두	이:		나라	한(:)
年	해	년	山	메	산	人	사람	인	兄	형	형
大	큰	대(:)	三	석	삼	一	한	일	火	불	화(:)
東	동녘	동	生	날	생	日	날	일			
六	여섯	륙	西	서녘	서	長	긴	장(:)			
萬	일만	만:	先	먼저	선	弟	아우	제:			

☑ 8급 배정한자는 모두 50자로, 읽기 50자이며, 쓰기 배정한자는 없습니다. 가장 기초적인 한자들로 꼭 익혀 둡시다.

7급 Ⅱ 배정한자(50자)

家	집	가	工	장인	공	內	안	내:	力	힘	력
間	사이	간(:)	空	빌	공	農	농사	농	立	설	립
江	강	강	氣	기운	기	答	대답	답	每	매양	매(:)
車	수레	거	記	기록할	기	道	길	도:	名	이름	명
	수레	차	男	사내	남	動	움직일	동:	物	물건	물

方	모(稜)	방	食	밥	식	全	온전	전	漢	한수	한:
不	아닐	불		먹을	식	前	앞	전		한나라	한:
事	일	사:	安	편안	안	電	번개	전:	海	바다	해:
上	윗	상:	午	낮	오:	正	바를	정(:)	話	말씀	화
姓	성	성:	右	오를	우:	足	발	족	活	살	활
世	인간	세:		오른(쪽)	우:	左	왼	좌:	孝	효도	효:
手	손	수(:)	子	아들	자	直	곧을	직	後	뒤	후:
市	저자	시:	自	스스로	자	平	평평할	평			
時	때	시	場	마당	장	下	아래	하:			

☑ 7급Ⅱ 배정한자는 모두 100자로, 8급 배정한자(50자)를 제외한 50자만을 담았습니다. 8급과 마찬가지로 쓰기 배정한자는 없습니다.

7급 배정한자(50자)

歌	노래	가	面	낯	면:	植	심을	식	住	살	주:
口	입	구(:)	命	목숨	명:	心	마음	심	重	무거울	중:
旗	기	기	問	물을	문:	語	말씀	어:	地	따	지
冬	겨울	동(:)	文	글월	문	然	그럴	연	紙	종이	지
同	한가지	동	百	일백	백	有	있을	유:	千	일천	천
洞	골	동:	夫	지아비	부	育	기를	육	天	하늘	천
	밝을	통:	算	셈	산:	邑	고을	읍	川	내	천
登	오를	등	色	빛	색	入	들	입	草	풀	초
來	올	래(:)	夕	저녁	석	字	글자	자	村	마을	촌:
老	늙을	로:	少	적을	소:	祖	할아비	조	秋	가을	추
里	마을	리:	所	바	소:	主	임금	주	春	봄	춘
林	수풀	림	數	셈	수:		주인	주	出	날(生)	출

| 便 | 편할
똥오줌 | 편(:)
변 | 夏
花 | 여름
꽃 | 하:
화 | 休 | 쉴 | 휴 | |

☑ 7급 배정한자는 모두 150자로, 7급Ⅱ 배정한자(100자)를 제외한 50자만을 담았습니다. 8급, 7급Ⅱ와 마찬가지로 쓰기 배정한자는 없습니다.

사자성어(四字成語)

8급 사자성어

國 民 年 金 나라 **국** 백성 **민** 해 **년** 쇠 **금**	일정 기간 또는 죽을 때까지 해마다 지급되는 일정액의 돈 (국민연금)
父 母 兄 弟 아비 **부** 어미 **모** 형 **형** 아우 **제**	아버지·어머니·형·아우 라는 뜻으로, 가족을 이르는 말
生 年 月 日 날 **생** 해 **년** 달 **월** 날 **일**	태어난 해와 달과 날
大 韓 民 國 큰 **대** 나라 **한** 백성 **민** 나라 **국**	우리나라의 국호(나라이름)
三 三 五 五 석 **삼** 석 **삼** 다섯 **오** 다섯 **오**	서너 사람 또는 대여섯 사람 이 떼를 지어 다니거나 무슨 일을 함
十 中 八 九 열 **십** 가운데 **중** 여덟 **팔** 아홉 **구**	열 가운데 여덟이나 아홉 정도 로 거의 대부분이거나 거의 틀림 없음
東 西 南 北 동녘 **동** 서녘 **서** 남녘 **남** 북녘 **북**	동쪽·서쪽·남쪽·북쪽이 라는 뜻으로, 모든 방향을 이르는 말

7급 Ⅱ 사자성어

南 男 北 女 남녘 **남** 사내 **남** 북녘 **북** 계집 **녀**	우리나라에서, 남자는 남쪽 지방 사람이 잘나고 여자는 북쪽 지방 사람이 고움을 이르는 말
上 下 左 右 윗 **상** 아래 **하** 왼 **좌** 오른 **우**	위·아래·왼쪽·오른쪽을 이르는 말로, 모든 방향을 이름
土 木 工 事 흙 **토** 나무 **목** 장인 **공** 일 **사**	땅과 하천 따위를 고쳐 만드는 공사
四 方 八 方 넉 **사** 모 **방** 여덟 **팔** 모 **방**	여기저기 모든 방향이나 방면
世 上 萬 事 인간 **세** 윗 **상** 일만 **만** 일 **사**	세상에서 일어나는 온갖 일
八 道 江 山 여덟 **팔** 길 **도** 강 **강** 메 **산**	팔도의 강산이라는 뜻으로, 우리나라 전체의 강산을 이르 는 말
四 海 兄 弟 넉 **사** 바다 **해** 형 **형** 아우 **제**	온 세상 사람이 모두 형제와 같다는 뜻으로, 친밀함을 이르는 말
人 山 人 海 사람 **인** 메 **산** 사람 **인** 바다 **해**	사람이 수없이 많이 모인 상태 를 이르는 말

7급 사자성어

男 女 老 少 사내 **남** 계집 **녀** 늙을 **로** 적을 **소**	남자와 여자, 나이 든 사람과 젊은 사람이란 뜻으로 모든 사람을 이르는 말 (남녀노소)
百 萬 大 軍 일백 **백** 일만 **만** 큰 **대** 군사 **군**	아주 많은 병사로 조직된 군대를 이르는 말
月 下 老 人 달 **월** 아래 **하** 늙을 **로** 사람 **인**	부부의 인연을 맺어 준다는 전설상의 노인 (월하노인)
男 中 一 色 사내 **남** 가운데 **중** 한 **일** 빛 **색**	남자의 얼굴이 썩 뛰어나게 잘 생김
不 老 長 生 아닐 **불** 늙을 **로** 긴 **장** 날 **생**	늙지 아니하고 오래 삶
二 八 青 春 두 **이** 여덟 **팔** 푸를 **청** 봄 **춘**	16세 무렵의 꽃다운 청춘
東 問 西 答 동녘 **동** 물을 **문** 서녘 **서** 대답 **답**	물음과는 전혀 상관없는 엉뚱 한 대답
不 立 文 字 아닐 **불** 설 **립** 글월 **문** 글자 **자**	불도의 깨달음은 마음에서 마음으로 전하는 것이므로 말이나 글에 의지하지 않는다는 말
一 問 一 答 한 **일** 물을 **문** 한 **일** 대답 **답**	한 번 물음에 한 번 대답함
萬 里 長 天 일만 **만** 마을 **리** 긴 **장** 하늘 **천**	아득히 높고 먼 하늘
山 川 草 木 메 **산** 내 **천** 풀 **초** 나무 **목**	산과 내와 풀과 나무, 곧 자연 을 이르는 말
一 日 三 秋 한 **일** 날 **일** 석 **삼** 가을 **추**	하루가 삼 년 같다는 뜻으로, 몹시 애태우며 기다림을 이르 는 말
名 山 大 川 이름 **명** 메 **산** 큰 **대** 내 **천**	이름난 산과 큰 내
安 心 立 命 편안 **안** 마음 **심** 설 **립** 목숨 **명**	하찮은 일에 흔들리지 않는 경지 (안심입명)
自 問 自 答 스스로 **자** 물을 **문** 스스로 **자** 대답 **답**	스스로 묻고 스스로 대답함

반대자(反對字) – 뜻이 반대되는 한자(漢字)

江(강) 7급II	↔	山(산) 8급	父(부) 8급	↔	子(자) 7급II	前(전) 7급II	↔	後(후) 7급II
敎(교) 8급	↔	學(학) 8급	北(북) 8급	↔	南(남) 8급	弟(제) 8급	↔	兄(형) 8급
男(남) 7급II	↔	女(녀) 8급	山(산) 8급	↔	海(해) 7급II	左(좌) 7급II	↔	右(우) 7급II
南(남) 8급	↔	北(북) 8급	上(상) 7급II	↔	下(하) 7급II	中(중) 8급	↔	外(외) 8급
內(내) 7급II	↔	外(외) 8급	先(선) 8급	↔	後(후) 7급II	天(천) 7급	↔	地(지) 7급
老(노) 7급	↔	少(소) 7급	手(수) 7급II	↔	足(족) 7급II	春(춘) 7급	↔	秋(추) 7급
大(대) 8급	↔	小(소) 8급	水(수) 8급	↔	火(화) 8급	出(출) 7급	↔	入(입) 7급
東(동) 8급	↔	西(서) 8급	右(우) 7급II	↔	左(좌) 7급II	夏(하) 7급	↔	冬(동) 7급
冬(동) 7급	↔	夏(하) 7급	月(월) 8급	↔	日(일) 8급	海(해) 7급II	↔	空(공) 7급II
母(모) 8급	↔	子(자) 7급II	日(일) 8급	↔	月(월) 8급	兄(형) 8급	↔	弟(제) 8급
問(문) 7급	↔	答(답) 7급II	入(입) 7급	↔	出(출) 7급	後(후) 7급II	↔	先(선) 8급
物(물) 7급II	↔	心(심) 7급	子(자) 7급II	↔	女(녀) 8급			
父(부) 8급	↔	母(모) 8급	子(자) 7급II	↔	母(모) 8급			

家(가)	_	室(실)	生(생)	_	活(활)	村(촌)	_	里(리)
7급Ⅱ		8급	8급		7급Ⅱ	7급		7급
洞(동)	_	里(리)	室(실)	_	家(가)	出(출)	_	生(생)
7급		7급	8급		7급Ⅱ	7급		8급
同(동)	_	一(일)	安(안)	_	全(전)	土(토)	_	地(지)
7급		8급	7급Ⅱ		7급Ⅱ	8급		7급
方(방)	_	道(도)	安(안)	_	平(평)	便(편)	_	安(안)
7급Ⅱ		7급Ⅱ	7급Ⅱ		7급Ⅱ	7급		7급Ⅱ
方(방)	_	正(정)	一(일)	_	同(동)	平(평)	_	安(안)
7급Ⅱ		7급Ⅱ	8급		7급	7급Ⅱ		7급Ⅱ
算(산)	_	數(수)	正(정)	_	方(방)			
7급		7급	7급Ⅱ		7급Ⅱ			
生(생)	_	出(출)	正(정)	_	直(직)			
8급		7급	7급Ⅱ		7급Ⅱ			

약자(略字)

國	_	国	來	_	来	數	_	数	學	_	学
나라 국		8급	올 래(:)		7급	셈 수:		7급	배울 학		8급
氣	_	気	萬	_	万						
기운 기		7급Ⅱ	일만 만:		8급						

한자능력검정시험

7급 예상문제 (1~9회)

- 예상문제(1~9회)
- 정답(53p~55p)

➔ 본 예상문제는 수험생들의 기억에 의하여 재생된 기출문제를
토대로 분석하고 연구하여 만든 문제입니다.

01 다음 밑줄 친 漢字語의 음(음:소리)을 쓰세요. (1~32)

보기   漢字 → 한자

1 이 시대에도 <u>孝道</u>가 국가 경쟁력을 높이는 데 기여할 수 있다. [   ]

2 <u>花林</u> 속에서 노닐다 보니 시간 가는 줄 모르겠구나. [   ]

3 이 일이 꼭 성사되도록 <u>全力</u>을 다하겠습니다. [   ]

4 요즘 <u>家父長</u>의 권위가 떨어지고 있다. [   ]

5 부자지간은 <u>寸數</u>가 어떻게 되는지 아니? [   ]

6 어렸을 때부터 <u>日記</u>를 쓰던 습성이 나를 작가로 만들어 준 것 같다. [   ]

7 이 꽃은 <u>室內</u>에서만 키워야 합니다. [   ]

8 <u>海水</u>를 마실 수 있는 물로 만드는 기술이 개발되고 있다. [   ]

9 사소한 물건이라도 <u>所有</u> 관계를 분명히 해 두어야 나중에 일이 안 생긴다. [   ]

10 벌써 <u>立冬</u>인데 올해는 날이 푹한 편이다. [   ]

11 할아버지의 <u>心氣</u>를 불편하게 해 드리면 안 된다. [   ]

12 같이 팔짱을 끼고 장을 보는 <u>母女</u>의 모습이 아름다워 보인다. [   ]

13 울릉도의 <u>名物</u>은 무엇입니까? [   ]

14 글을 쓸 때는 <u>文語</u>와 구어를 구분해서 써야 한다. [   ]

15 네가 그럴 줄 알고 내가 먼저 <u>先手</u>를 친 거야. [   ]

16 예전에 우리나라는 <u>東方</u>의 예의지국으로 불리었다. [   ]

17 홍수 피해를 입은 <u>北韓</u> 주민을 돕기 위한 모금 운동이 펼쳐졌다. [   ]

18 이 넓은 <u>空間</u>을 어떤 가구로 채울 것인가가 문제이다. [   ]

19 <u>國土</u>를 지키는 것은 군인의 기본 의무이다. [   ]

20 <u>午時</u>는 낮 열한 시부터 한 시까지를 가리킨다. [   ]

21 그들은 <u>兄弟</u> 사이의 우애가 깊다. [   ]

22 우리나라의 <u>山川</u>은 보면 볼수록 아름답다. [   ]

23 여러분 공부에 힘을 쏟되 <u>靑春</u>의 시기를 최대한 즐기십시오. [   ]

24 우리학교 선배들은 <u>校旗</u>를 앞세우고 거리를 행진했다. [   ]

25 관객들께서는 영화 상영 10분 전에 <u>入場</u>해 주시기 바랍니다. [   ]

26 하는 일에 <u>不平</u>이 있더라도 참고 해 보거라. [   ]

27 다음 문제의 <u>正答</u>을 찾아보아라. [   ]

28 <u>千金</u>을 준다 해도 정의를 향한 마음을 바꿀 순 없다. [   ]

29 <u>少年</u>은 아무 말 없이 여자애 뒤만 따라갔다. [   ]

30 그는 모두 자신이 저지른 일이라고 <u>自白</u>했다. [   ]

31 길을 건널 때는 <u>左右</u>를 잘 살펴야 한다. [   ]

32 <u>九萬里</u> 머나먼 길을 떠나는 나그네의 길. [   ]

02 다음 漢字의 訓(훈:뜻)과 音(음:소리)을 쓰세요. (33~52)

보기	字 → 글자 자

33 安 [　　　] **34** 南 [　　　]

35 夫 [　　　] **36** 重 [　　　]

37 學 [　　　] **38** 登 [　　　]

39 紙 [　　　] **40** 歌 [　　　]

41 姓 [　　　] **42** 老 [　　　]

43 活 [　　　] **44** 草 [　　　]

45 敎 [　　　] **46** 祖 [　　　]

47 面 [　　　] **48** 住 [　　　]

49 然 [　　　] **50** 電 [　　　]

51 植 [　　　] **52** 市 [　　　]

03 다음 漢字語의 뜻을 우리말로 쓰세요. (53~54)

53 大門 [　　　　　　]

54 命中 [　　　　　　]

04 다음 訓(훈:뜻)과 音(음:소리)에 맞는 漢字를 〈보기〉에서 골라 그 번호를 쓰세요. (55~64)

보기	① 直 ② 農 ③ 世 ④ 休 ⑤ 同 ⑥ 秋 ⑦ 育 ⑧ 問 ⑨ 色 ⑩ 便

55 농사 농 [　　　]

56 물을 문 [　　　]

57 기를 육 [　　　]

58 한가지 동 [　　　]

59 빛 색 [　　　]

60 편할 편 [　　　]

61 인간 세 [　　　]

62 쉴 휴 [　　　]

63 가을 추 [　　　]

64 곧을 직 [　　　]

05 다음 漢字의 상대 또는 반대되는 漢字를 〈보기〉에서 골라 그 번호를 쓰세요. (65~66)

보기	① 後 ② 外 ③ 地 ④ 每

65 前 ↔ (　) **66** 天 ↔ (　)

06 다음 밑줄 친 단어의 漢字語를 〈보기〉에서 골라 그 번호를 쓰세요. (67~68)

보기	① 西村 ② 生食 ③ 邑民 ④ 出動

67 여름에 생식은 위생건강에 좋지 않다.
[　　　]

68 불이 났다는 연락이 오자 소방대원은 즉시 출동했다.
[　　　]

07 다음 漢字의 진하게 표시한 획은 몇 번째 쓰는지 〈보기〉에서 찾아 그 번호를 쓰세요. (69~70)

보기	① 첫 번째 ② 두 번째 ③ 세 번째 ④ 네 번째 ⑤ 다섯 번째 ⑥ 여섯 번째 ⑦ 일곱 번째 ⑧ 여덟 번째 ⑨ 아홉 번째 ⑩ 열 번째

69 事 [　　　]

70 來 [　　　]

수험번호 □□□-□□-□□□□　　　**성명** □□□□□

생년월일 □□□□□□

※ 유성 싸인펜, 붉은색 필기구 사용 불가.

※ 답안지는 컴퓨터로 처리되므로 구기거나 더럽히지 마시고, 정답 칸 안에만 쓰십시오. 글씨가 채점란으로 들어오면 오답처리가 됩니다.

제　　회 전국한자능력검정시험 7급 답안지(1)　　(시험시간 50분)

번호	정답	1검	2검	번호	정답	1검	2검	번호	정답	1검	2검
	답 안 란	채점란			답 안 란	채점란			답 안 란	채점란	
1				12				23			
2				13				24			
3				14				25			
4				15				26			
5				16				27			
6				17				28			
7				18				29			
8				19				30			
9				20				31			
10				21				32			
11				22				33			

	감독위원	채점위원(1)		채점위원(2)		채점위원(3)	
	(서명)	(득점)	(서명)	(득점)	(서명)	(득점)	(서명)

※ 답안지는 컴퓨터로 처리되므로 구기거나 더럽히지 마시고, 정답 칸 안에만 쓰십시오. 글씨가 채점란으로 들어오면 오답처리가 됩니다.

제　　회 전국한자능력검정시험 7급 답안지(2)

답 안 란		채점란		답 안 란		채점란		답 안 란		채점란	
번호	정답	1검	2검	번호	정답	1검	2검	번호	정답	1검	2검
34				47				60			
35				48				61			
36				49				62			
37				50				63			
38				51				64			
39				52				65			
40				53				66			
41				54				67			
42				55				68			
43				56				69			
44				57				70			
45				58							
46				59							

(社) 한국어문회 주관·한국한자능력검정회 시행

문 항 수 : 70문항
합격문항 : 49문항
제한시간 : 50분

01 다음 밑줄 친 漢字語의 音(음:소리)을 쓰세요. (1~32)

보기	漢字 → 한자

1 <u>正午</u>는 낮 열두 시를 말한다. [   ]

2 새하얀 눈이 온 <u>天地</u>를 뒤덮었다. [   ]

3 저기 <u>人力車</u>를 끌고 가는 사람을 도와줍시다. [   ]

4 내 소원은 우리나라 <u>山川</u>을 다 밟아보는 것이다. [   ]

5 형제는 <u>寸數</u>가 어떻게 되나요? [   ]

6 눈이 오자 <u>世上</u>이 온통 하얗게 변했다. [   ]

7 비가 오므로 조회는 <u>室內</u>에서 하겠습니다. [   ]

8 <u>海外</u> 여행이라니 생각만 해도 설레인다. [   ]

9 물놀이할 때는 <u>安全</u>사고에 유의해야 한다. [   ]

10 아버지는 앞마당에 <u>花草</u>나 가꾸면서 소박하게 살고자 하신다. [   ]

11 그녀는 나를 안 볼 <u>心算</u>인지 학교에 나오지 않았다. [   ]

12 옆집의 <u>母子</u>는 연인처럼 다정하게 팔짱을 끼고 다닌다. [   ]

13 올림픽에서 금메달을 못 딴 것이 <u>千秋</u>의 한이 되었다. [   ]

14 춤이 <u>歌手</u>의 필수조건인 시대가 되었다. [   ]

15 친구와 함께 가는 <u>登校</u>길이 마냥 즐겁다. [   ]

16 러시아는 예전부터 <u>南下</u> 정책을 펴 왔다. [   ]

17 <u>北韓</u>에서 온 사람들을 새터민이라 부르고 있다. [   ]

18 천연가스 버스 도입으로 서울의 <u>空氣</u>가 많이 깨끗해졌다. [   ]

19 법 앞에서는 <u>萬民</u>이 평등하다. [   ]

20 <u>植物</u>도 음악을 들려주면 더 잘 자란다. [   ]

21 자신의 <u>姓名</u>을 한자로 못 쓰는 학생들이 늘고 있다. [   ]

22 아버지가 돌아가시고 맏아들이 <u>家長</u>의 역할을 잘 하고 있다. [   ]

23 젊어서 공부를 안 하면 힘든 <u>老年</u>을 보낼 수 있다. [   ]

24 전시회를 <u>市立</u>미술관에서 열었다. [   ]

25 선생님께서 해 주신 말씀 <u>所重</u>하게 간직하겠습니다. [   ]

26 정성이 <u>不足</u>하면 일을 이룰 수 없다. [   ]

27 너희 <u>祖父</u>님은 살아 계시냐? [   ]

28 나는 <u>中食</u>을 가볍게 국수로 하는 것을 좋아한다. [   ]

29 <u>少女</u>는 아무 말 없이 아버지 뒤만 따라갔다. [   ]

30 한국은 <u>三面</u>이 바다로 둘러싸여 있는 반도 국가이다. [   ]

31 초등학교 운동회 때 청군과 <u>白軍</u>으로 나누어 경기를 했다. [   ]

32 <u>自然</u>을 잘 가꿔 후대에 잘 물려줍시다. [   ]

02 다음 漢字의 訓(훈:뜻)과 音(음:소리)을 쓰세요. (33~52)

보기	字 → 글자 자

33 國 [   ]   34 東 [   ]

35 夫 [   ]   36 場 [   ]

37 間 [   ]   38 先 [   ]

39 電 [   ]   40 文 [   ]

21

41 弟 [　　　]　　**42** 靑 [　　　]

43 邑 [　　　]　　**44** 春 [　　　]

45 敎 [　　　]　　**46** 旗 [　　　]

47 平 [　　　]　　**48** 話 [　　　]

49 左 [　　　]　　**50** 紙 [　　　]

51 育 [　　　]　　**52** 答 [　　　]

03 다음 漢字語의 뜻을 우리말로 쓰세요. (53~54)

53 後門　　　　[　　　　　　　]

54 洞里　　　　[　　　　　　　]

04 다음 訓(훈:뜻)과 音(음:소리)에 맞는 漢字를 〈보기〉에서 골라 그 번호를 쓰세요. (55~64)

보기	① 記　② 農　③ 直　④ 休 ⑤ 同　⑥ 命　⑦ 住　⑧ 孝 ⑨ 色　⑩ 便

55 농사 농　　　　[　　　]

56 효도 효　　　　[　　　]

57 살 주　　　　[　　　]

58 곧을 직　　　　[　　　]

59 빛 색　　　　[　　　]

60 편할 편　　　　[　　　]

61 기록할 기　　　　[　　　]

62 쉴 휴　　　　[　　　]

63 목숨 명　　　　[　　　]

64 한가지 동　　　　[　　　]

05 다음 漢字의 상대 또는 반대되는 漢字를 〈보기〉에서 골라 그 번호를 쓰세요. (65~66)

보기	① 大　② 水　③ 江　④ 七

65 火　　　　[　　　　　　　]

66 小　　　　[　　　　　　　]

06 다음 밑줄 친 단어의 漢字語를 〈보기〉에서 골라 그 번호를 쓰세요. (67~68)

보기	① 出入　② 出動　③ 生前　④ 生活

67 사회 생활을 잘 하려면 남에 배려심이 있어야 한다.　　　　[　　　]

68 화재 신고가 들어오면 소방대원은 5분 내로 즉시 출동해야 한다.　　　　[　　　]

07 다음 漢字의 진하게 표시한 획은 몇 번째 쓰는지 〈보기〉에서 찾아 그 번호를 쓰세요. (69~70)

보기	① 첫 번째　　② 두 번째 ③ 세 번째　　④ 네 번째 ⑤ 다섯 번째　⑥ 여섯 번째 ⑦ 일곱 번째　⑧ 여덟 번째 ⑨ 아홉 번째　⑩ 열 번째

69 漢　[　　]

70 每　[　　]

수험번호 □□□-□□-□□□□　　　성명 □□□□□

생년월일 □□□□□□

※ 유성 싸인펜, 붉은색 필기구 사용 불가.

※ 답안지는 컴퓨터로 처리되므로 구기거나 더럽히지 마시고, 정답 칸 안에만 쓰십시오. 글씨가 채점란으로 들어오면 오답처리가 됩니다.

제　　회 전국한자능력검정시험 7급 답안지(1)　　(시험시간 50분)

번호	정답	1검	2검	번호	정답	1검	2검	번호	정답	1검	2검
	답 안 란	채점란			답 안 란	채점란			답 안 란	채점란	
1				12				23			
2				13				24			
3				14				25			
4				15				26			
5				16				27			
6				17				28			
7				18				29			
8				19				30			
9				20				31			
10				21				32			
11				22				33			

감독위원	채점위원(1)		채점위원(2)		채점위원(3)	
(서명)	(득점)	(서명)	(득점)	(서명)	(득점)	(서명)

※ 뒷면으로 이어짐

※ 답안지는 컴퓨터로 처리되므로 구기거나 더럽히지 마시고, 정답 칸 안에만 쓰십시오. 글씨가 채점란으로 들어오면 오답처리가 됩니다.

제　　회 전국한자능력검정시험 7급 답안지(2)

답 안 란		채점란		답 안 란		채점란		답 안 란		채점란	
번호	정답	1검	2검	번호	정답	1검	2검	번호	정답	1검	2검
34				47				60			
35				48				61			
36				49				62			
37				50				63			
38				51				64			
39				52				65			
40				53				66			
41				54				67			
42				55				68			
43				56				69			
44				57				70			
45				58							
46				59							

한자능력검정시험 7급 예상문제

문 항 수 : 70문항
합격문항 : 49문항
제한시간 : 50분

---

01 다음 밑줄 친 漢字語의 音(음:소리)을 쓰세요. (1~32)

> 보기 漢字 → 한자

1 과수원 옆에는 草家집 한 채가 서 있습니다.
[   ]

2 새가 空中을 마음껏 날아다닙니다. [   ]

3 군인들이 軍歌를 부르며 걸어갑니다. [   ]

4 그는 時間 날 때마다 책을 읽습니다. [   ]

5 팔도 江山을 유람합니다. [   ]

6 가내 手工업이 공장화되었습니다.

7 학생들이 경기장으로 校旗를 들고 입장합니다.
[   ]

8 토요일에 國立 박물관을 관람합니다. [   ]

9 엄마는 놀란 氣色이 역력했습니다. [   ]

10 막내 동생 日記에는 온통 낙서뿐입니다.
[   ]

11 男子 친구에게서 생일 선물을 받았습니다.
[   ]

12 태풍이 南海안을 강타하고 지나갔습니다.
[   ]

13 내일 道內의 모든 학교가 방학을 합니다.
[   ]

14 그녀는 長女라 행동이 차분합니다. [   ]

15 한 少年이 손수레를 털컹이며 지나갑니다.
[   ]

16 농활을 통하여 학생들은 農民의 고통을 배웁니다.
[   ]

17 학생들이 키우는 植物의 성장과정을 관찰합니다.
[   ]

18 대학 발전 기금 모집에 同門들의 성원이 이어졌습니다.
[   ]

19 친구를 배웅하러 洞口 밖까지 나갔습니다.
[   ]

20 새로운 상품이 백화점에 登場하였습니다.
[   ]

21 그는 입원한 老母를 정성껏 모셨습니다.
[   ]

22 아버지는 三千里 방방곡곡 돌아다니며 산삼을 캡니다. [   ]

23 너는 萬事를 너무 쉽게 생각해. [   ]

24 어려운 상황을 直面했습니다. [   ]

25 姓名 기입란에 이름을 적으시오. [   ]

26 시나 소설은 독창성이 生命입니다. [   ]

27 우리 집은 祖上 대대로 이 동네에서 살았습니다.
[   ]

28 몸은 늙었지만 마음은 아직 青春입니다.
[   ]

29 배가 태풍을 피해 항구에 安全하게 정박했습니다. [   ]

30 코피가 흘러 休紙로 코를 막았습니다. [   ]

31 이 의자는 등받이가 딱딱해 앉기가 不便합니다.
[   ]

32 그 도시의 인구는 數百만에 달합니다. [   ]

02 다음 漢字의 訓(훈:뜻)과 音(음:소리)을 쓰세요.
(33~52)

> 보기 字 → 글자 자

33 方 [   ] **34** 話 [   ]
35 天 [   ] **36** 先 [   ]
37 電 [   ] **38** 東 [   ]
39 住 [   ] **40** 來 [   ]

41 然 [   ]   **42** 有 [   ]

43 下 [   ]   **44** 自 [   ]

45 小 [   ]   **46** 右 [   ]

47 每 [   ]   **48** 邑 [   ]

49 川 [   ]   **50** 孝 [   ]

51 林 [   ]   **52** 王 [   ]

03 다음 밑줄 친 단어의 漢字語를 〈보기〉에서 골라 그 번호를 쓰세요. (53~54)

보기	① 兄弟 ② 主人 ③ 後食 ④ 所重

53 우리는 시간을 소중히 여겨야 합니다. [   ]

54 오늘 저녁 후식은 수박입니다. [   ]

04 다음 訓(훈:뜻)과 音(음:소리)에 맞는 漢字를 〈보기〉에서 골라 그 번호를 쓰세요. (55~64)

보기	① 父 ② 市 ③ 世 ④ 秋 ⑤ 夕 ⑥ 算 ⑦ 西 ⑧ 夏 ⑨ 午 ⑩ 育

55 낮 오   [   ]

56 서녘 서   [   ]

57 저녁 석   [   ]

58 인간 세   [   ]

59 아비 부   [   ]

60 기를 육   [   ]

61 셈 산   [   ]

62 가을 추   [   ]

63 여름 하   [   ]

64 저자 시   [   ]

05 다음 漢字의 상대 또는 반대되는 漢字를 〈보기〉에서 골라 그 번호를 쓰세요. (65~66)

보기	① 敎 ② 外 ③ 村 ④ 間

65 (   ) ↔ 學   **66** (   ) ↔ 答

06 다음 漢字語의 뜻을 쓰세요. (67~68)

67 月出   [   ]

68 平地   [   ]

07 다음 漢字의 진하게 표시한 획은 몇 번째 쓰는지 〈보기〉에서 찾아 그 번호를 쓰세요. (69~70)

보기	① 첫 번째 ② 두 번째 ③ 세 번째 ④ 네 번째 ⑤ 다섯 번째 ⑥ 여섯 번째 ⑦ 일곱 번째 ⑧ 여덟 번째 ⑨ 아홉 번째 ⑩ 열 번째

69 室 [   ]

70 車 [   ]

수험번호 □□□-□□-□□□□　　　　**성명** □□□□□

생년월일 □□□□□□

※ 유성 싸인펜, 붉은색 필기구 사용 불가.

※ 답안지는 컴퓨터로 처리되므로 구기거나 더럽히지 마시고, 정답 칸 안에만 쓰십시오. 글씨가 채점란으로 들어오면 오답처리가 됩니다.

제　　회 전국한자능력검정시험 7급 답안지(1)　　(시험시간 50분)

번호	정답	1검	2검	번호	정답	1검	2검	번호	정답	1검	2검
1				12				23			
2				13				24			
3				14				25			
4				15				26			
5				16				27			
6				17				28			
7				18				29			
8				19				30			
9				20				31			
10				21				32			
11				22				33			

	감독위원	채점위원(1)		채점위원(2)		채점위원(3)	
	(서명)	(득점)	(서명)	(득점)	(서명)	(득점)	(서명)

※ 답안지는 컴퓨터로 처리되므로 구기거나 더럽히지 마시고, 정답 칸 안에만 쓰십시오. 글씨가 채점란으로 들어오면 오답처리가 됩니다.

제　　회 전국한자능력검정시험 7급 답안지(2)

답 안 란		채점란		답 안 란		채점란		답 안 란		채점란	
번호	정답	1검	2검	번호	정답	1검	2검	번호	정답	1검	2검
34				47				60			
35				48				61			
36				49				62			
37				50				63			
38				51				64			
39				52				65			
40				53				66			
41				54				67			
42				55				68			
43				56				69			
44				57				70			
45				58							
46				59							

01 다음 밑줄 친 漢字語의 음(음:소리)을 쓰세요. (1~32)

보기 漢字 → 한자

1 이 학교는 <u>每年</u> 우수한 인재를 배출합니다.
[   ]

2 누구든지 그녀의 <u>孝心</u>에 감탄합니다. [   ]

3 컴퓨터에 바이러스가 침투해 <u>電算</u> 업무가 마비되었습니다. [   ]

4 이미 <u>西山</u>에는 해가 지고 있습니다. [   ]

5 <u>正午</u>가 되자 해가 머리 위에 있습니다. [   ]

6 청군은 청기를, 백군은 <u>白旗</u>를 흔들며 응원합니다. [   ]

7 한우를 키우기 위해 <u>草地</u>를 조성합니다.
[   ]

8 <u>立冬</u>이 지나자 날씨가 추워지기 시작합니다.
[   ]

9 도시로 떠나 버린 <u>農村</u>에는 빈집이 많습니다.
[   ]

10 그 아이들은 <u>敎室</u>을 자기 집보다 더 아낍니다.
[   ]

11 지원서에 이름, 나이, 현주소 등을 <u>記入</u>했습니다.
[   ]

12 아파트 관리인이 <u>休紙</u>를 태우고 있습니다.
[   ]

13 그는 팔순이 넘는 <u>老母</u>를 봉양하고 있습니다.
[   ]

14 나는 어릴 때부터 <u>三寸</u>과 함께 살았습니다.
[   ]

15 형은 육군에, 나는 <u>空軍</u>에 입대할 것입니다.
[   ]

16 외국인이 강북과 <u>江南</u> 중 어느 곳이 인구가 많으냐고 물었습니다. [   ]

17 우리반에는 나와 <u>同名</u>인 친구가 많습니다.
[   ]

18 지속적인 <u>育林</u>사업으로 산에 나무가 많아졌습니다. [   ]

19 삼촌은 신병교육을 다 받고 나서 <u>前方</u>에 배치되었습니다. [   ]

20 부모님은 <u>邑內</u>에 음식점을 차리셨습니다.
[   ]

21 <u>少女</u>는 부끄러운지 얼굴을 살짝 붉혔습니다.
[   ]

22 그가 마라톤 경기 우승 후보로 <u>有力</u>합니다.
[   ]

23 이 음료수는 <u>天然</u> 과즙을 원료로 만들었습니다.
[   ]

24 내게는 그런 <u>重大</u>한 일을 감당할 만한 능력이 없습니다. [   ]

25 장난을 치다가 <u>學校</u>에서 벌을 받았습니다.
[   ]

26 어두워지자 가까운 <u>民家</u>에서 머물기로 했습니다.
[   ]

27 암행어사는 <u>王命</u>을 받들어 지방의 민정을 살핍니다. [   ]

28 이 물건은 <u>祖上</u> 대대로 내려온 것입니다.
[   ]

29 우리 동네에는 중고차 <u>市場</u>이 들어섰습니다.
[   ]

30 지금 아버지는 <u>外出</u>하고 안 계십니다. [   ]

31 연기 때문에 <u>氣道</u>가 막혀서 숨을 쉴 수가 없습니다. [   ]

32 당신은 <u>萬事</u>를 너무 쉽게 생각하십니다.
[   ]

02 다음 漢字의 訓(훈:뜻)과 音(음:소리)을 쓰세요. (33~52)

보기	字 → 글자 자

33 足 [   ]　**34** 夕 [   ]
35 工 [   ]　**36** 靑 [   ]
37 登 [   ]　**38** 五 [   ]
39 先 [   ]　**40** 門 [   ]
41 答 [   ]　**42** 話 [   ]
43 里 [   ]　**44** 六 [   ]
45 金 [   ]　**46** 手 [   ]
47 弟 [   ]　**48** 歌 [   ]
49 面 [   ]　**50** 父 [   ]
51 火 [   ]　**52** 川 [   ]

03 다음 밑줄 친 단어의 漢字語를 〈보기〉에서 골라 그 번호를 쓰세요. (53~54)

보기	① 不便　② 主人　③ 七色　④ 活動

53 다리를 다쳐서 활동이 어렵습니다. [   ]
54 그 의자는 앉기에 불편합니다. [   ]

04 다음 訓(훈:뜻)과 音(음:소리)에 맞는 漢字를 〈보기〉에서 골라 그 번호를 쓰세요. (55~64)

보기	① 左　② 九　③ 花　④ 男 ⑤ 自　⑥ 所　⑦ 夫　⑧ 安 ⑨ 姓　⑩ 植

55 꽃 화 [   ]
56 바 소 [   ]
57 성 성 [   ]
58 왼 좌 [   ]
59 스스로 자 [   ]
60 편안 안 [   ]
61 사내 남 [   ]

62 심을 식 [   ]
63 지아비 부 [   ]
64 아홉 구 [   ]

05 다음 漢字의 상대 또는 반대되는 漢字를 〈보기〉에서 골라 그 번호를 쓰세요. (65~66)

보기	① 日　② 物　③ 間　④ 春

65 [   ] ↔ 秋　　**66** [   ] ↔ 月

06 다음 漢字語의 뜻을 쓰세요. (67~68)
67 生食 [   ]
68 直後 [   ]

07 다음 漢字의 진하게 표시한 획은 몇 번째 쓰는지 〈보기〉에서 찾아 그 번호를 쓰세요. (69~70)

보기	① 첫 번째　② 두 번째 ③ 세 번째　④ 네 번째 ⑤ 다섯 번째　⑥ 여섯 번째 ⑦ 일곱 번째　⑧ 여덟 번째 ⑨ 아홉 번째　⑩ 열 번째

69 海 [   ]

70 世 [   ]

■ 사단법인 한국어문회 · 한국한자능력검정회   20 . (   ). (   ).   ７０１ ■

수험번호 □□□－□□－□□□□   **성명** □□□□□

생년월일 □□□□□□   ※ 유성 싸인펜, 붉은색 필기구 사용 불가.

※ 답안지는 컴퓨터로 처리되므로 구기거나 더럽히지 마시고, 정답 칸 안에만 쓰십시오. 글씨가 채점란으로 들어오면 오답처리가 됩니다.

제   회 전국한자능력검정시험 7급 답안지(1)   (시험시간 50분)

번호	정답	1검	2검	번호	정답	1검	2검	번호	정답	1검	2검
1				12				23			
2				13				24			
3				14				25			
4				15				26			
5				16				27			
6				17				28			
7				18				29			
8				19				30			
9				20				31			
10				21				32			
11				22				33			

감독위원	채점위원(1)	채점위원(2)	채점위원(3)
(서명)	(득점) (서명)	(득점) (서명)	(득점) (서명)

※ 답안지는 컴퓨터로 처리되므로 구기거나 더럽히지 마시고, 정답 칸 안에만 쓰십시오. 글씨가 채점란으로 들어오면 오답처리가 됩니다.

제　　회 전국한자능력검정시험 7급 답안지(2)

답 안 란		채점란		답 안 란		채점란		답 안 란		채점란	
번호	정답	1검	2검	번호	정답	1검	2검	번호	정답	1검	2검
34				47				60			
35				48				61			
36				49				62			
37				50				63			
38				51				64			
39				52				65			
40				53				66			
41				54				67			
42				55				68			
43				56				69			
44				57				70			
45				58							
46				59							

01 다음 밑줄 친 漢字語의 音(음:소리)을 쓰세요. (1~32)

> 보기 漢字 → 한자

1 그녀는 <u>算數</u>에 능하여 복잡한 계산도 잘한다. [ ]

2 이 산맥은 <u>東西</u>를 가로지른다. [ ]

3 이 소설은 이십여 개 <u>國語</u>로 번역되었다. [ ]

4 그는 약속 <u>場所</u>로 향하고 있다. [ ]

5 비만 치료를 위해서는 <u>小食</u>을 해야 한다. [ ]

6 우리 학교 학생들이 모여 <u>校歌</u>를 합창하였다. [ ]

7 은사님께서 <u>年老</u>한 몸을 이끌고 방문하셨다. [ ]

8 울창한 <u>山林</u>은 우리나라의 자랑이다. [ ]

9 새는 <u>空中</u>을 마음껏 날아다닌다. [ ]

10 <u>千萬</u>의 말씀입니다. 저는 잘한 것이 없습니다. [ ]

11 <u>祖父</u>께서 못다 이룬 꿈을 실현하고자 한다. [ ]

12 친구가 선행을 베푼 <u>記事</u>가 신문에 실렸다. [ ]

13 이 일은 생각보다 <u>時間</u>이 많이 걸린다. [ ]

14 한자 공부는 <u>學力</u> 향상에 큰 도움을 준다. [ ]

15 방학에 <u>外家</u>에 가는 것은 나에게 큰 기쁨이다. [ ]

16 길을 건널 때에는 항상 <u>左右</u>를 잘 살펴야 한다. [ ]

17 우리 집 정원에는 <u>花草</u>가 가득하다. [ ]

18 취미 <u>生活</u>은 심신을 여유롭게 한다. [ ]

19 위인은 <u>後世</u>에 이름을 남긴 사람이다. [ ]

20 잠들기 <u>直前</u>에 음식을 먹는 것은 좋지 않다. [ ]

21 올해 시험 <u>日字</u>가 확정되었다. [ ]

22 고층 빌딩 숲 사이에 <u>全面</u> 광고가 보였다. [ ]

23 외국 <u>文物</u>을 들여와서 우리 것으로 재창조해야 한다. [ ]

24 <u>白色</u>의 설원은 마음을 정화시켜 준다. [ ]

25 <u>敎育</u> 환경에 따라 학습 의욕도 차이가 난다. [ ]

26 <u>不安</u>해할수록 근심만 쌓이니, 어서 기운을 내거라. [ ]

27 보일러는 일정한 온도가 되면 <u>自動</u>으로 꺼진다. [ ]

28 <u>立春</u>이 지나자 날씨가 따뜻해졌다. [ ]

29 가족들은 <u>秋夕</u>에 만날 것을 기약하였다. [ ]

30 <u>南海</u>의 아름다움은 말로 형언할 수 없다. [ ]

31 우리는 <u>問答</u>을 통해 문제를 해결해나갔다. [ ]

32 이 그림은 <u>天然</u> 물감으로 그린 것이다. [ ]

02 다음 漢字의 訓(훈:뜻)과 音(음:소리)을 쓰세요. (33~52)

> 보기 字 → 글자 자

33 村 [ ] **34** 口 [ ]

35 軍 [ ] **36** 農 [ ]

37 道 [　　　]　　**38** 洞 [　　　]

39 登 [　　　]　　**40** 每 [　　　]

41 命 [　　　]　　**42** 民 [　　　]

43 先 [　　　]　　**44** 姓 [　　　]

45 室 [　　　]　　**46** 王 [　　　]

47 邑 [　　　]　　**48** 長 [　　　]

49 重 [　　　]　　**50** 紙 [　　　]

51 土 [　　　]　　**52** 韓 [　　　]

03 다음 밑줄 친 단어의 漢字語를 〈보기〉에서 골라 그 번호를 쓰세요. (53~54)

보기	① 人氣　② 六十　③ 男便　④ 平地

53 언덕을 걷다 평지를 만나니 반가웠다. [　　　]

54 그의 인기는 단연 최고였다. [　　　]

04 다음 訓(훈:뜻)과 音(음:소리)에 맞는 漢字를 〈보기〉에서 골라 그 번호를 쓰세요. (55~64)

보기	① 金　② 門　③ 內　④ 百 ⑤ 木　⑥ 旗　⑦ 大　⑧ 住 ⑨ 話　⑩ 植

55 쇠 금 [　　　]

56 기 기 [　　　]

57 안 내 [　　　]

58 큰 대 [　　　]

59 나무 목 [　　　]

60 문 문 [　　　]

61 일백 백 [　　　]

62 심을 식 [　　　]

63 살 주 [　　　]

64 말씀 화 [　　　]

05 다음 漢字의 상대 또는 반대되는 漢字를 〈보기〉에서 골라 그 번호를 쓰세요. (65~66)

보기	① 九　　② 女　　③ 冬　　④ 下

65 (　　) ↔ 夏　　　　**66** (　　) ↔ 上

06 다음 漢字語의 뜻을 쓰세요. 67~68)

67 手足　　　　[　　　　　　　]

68 母子　　　　[　　　　　　　]

07 다음 漢字의 진하게 표시한 획은 몇 번째 쓰는지 〈보기〉에서 찾아 그 번호를 쓰세요. (69~70)

보기	① 첫 번째　　② 두 번째 ③ 세 번째　　④ 네 번째 ⑤ 다섯 번째　⑥ 여섯 번째 ⑦ 일곱 번째　⑧ 여덟 번째 ⑨ 아홉 번째　⑩ 열 번째

69 青 [　　　]

70 孝 [　　　]

수험번호 □□□-□□-□□□□　　　　성명 □□□□□

생년월일 □□□□□□

※ 유성 싸인펜, 붉은색 필기구 사용 불가.

※ 답안지는 컴퓨터로 처리되므로 구기거나 더럽히지 마시고, 정답 칸 안에만 쓰십시오. 글씨가 채점란으로 들어오면 오답처리가 됩니다.

제　　회 전국한자능력검정시험 7급 답안지(1)　　(시험시간 50분)

번호	정답	1검	2검	번호	정답	1검	2검	번호	정답	1검	2검
1				12				23			
2				13				24			
3				14				25			
4				15				26			
5				16				27			
6				17				28			
7				18				29			
8				19				30			
9				20				31			
10				21				32			
11				22				33			

감독위원	채점위원(1)	채점위원(2)	채점위원(3)
(서명)	(득점) (서명)	(득점) (서명)	(득점) (서명)

※ 답안지는 컴퓨터로 처리되므로 구기거나 더럽히지 마시고, 정답 칸 안에만 쓰십시오. 글씨가 채점란으로 들어오면 오답처리가 됩니다.

제   회 전국한자능력검정시험 7급 답안지(2)

답 안 란		채점란		답 안 란		채점란		답 안 란		채점란	
번호	정답	1검	2검	번호	정답	1검	2검	번호	정답	1검	2검
34				47				60			
35				48				61			
36				49				62			
37				50				63			
38				51				64			
39				52				65			
40				53				66			
41				54				67			
42				55				68			
43				56				69			
44				57				70			
45				58							
46				59							

(社) 한국어문회 주관·한국한자능력검정회 시행

한자능력검정시험 7급 예상문제

문 항 수 : 70문항
합격문항 : 49문항
제한시간 : 50분

01 다음 밑줄 친 漢字語의 音(음:소리)을 쓰세요. (1~32)

보기	漢字 → 한자

1 <u>正午</u>는 태양이 가장 높이 떠 있을 때입니다. [　　]

2 조상들의 주거 <u>生活</u>은 어떠했을까요? [　　]

3 사과는 <u>間食</u>으로 먹기에 좋습니다. [　　]

4 버스를 탈 때는 안전한 <u>人道</u>에서 기다립니다. [　　]

5 <u>韓紙</u>로 예쁜 종이 상자를 만들었습니다. [　　]

6 만남의 장소와 <u>日時</u>를 정하였습니다. [　　]

7 잔잔한 <u>水面</u>에 산 그림자가 비칩니다. [　　]

8 황해와 <u>南海</u>의 다도해에는 해산물이 풍부합니다. [　　]

9 내일은 <u>全國</u>에 비가 내린다고 합니다. [　　]

10 <u>漢江</u>에서 진행된 불꽃축제는 장관이었습니다. [　　]

11 <u>三千里</u> 방방곡곡 단풍이 붉게 물들었습니다. [　　]

12 그분의 <u>孝心</u>은 과히 본받을 만합니다. [　　]

13 작가는 그 책을 쓴 이유를 <u>後記</u>에 밝혀두었습니다. [　　]

14 창수의 시골 <u>外家</u>에는 감나무가 있습니다. [　　]

15 어떤 언행이든 <u>每事</u>에 신중할 필요가 있습니다. [　　]

16 땅은 <u>農夫</u>에게 생명과도 같습니다. [　　]

17 구청의 출입문을 <u>自動門</u>으로 교체하였습니다. [　　]

18 훈장님은 점잖게 뒷짐을 지고 <u>八字</u>걸음을 걸으십니다. [　　]

19 <u>四物</u>놀이의 가락은 들을수록 흥겹습니다. [　　]

20 비갠 오후의 <u>大氣</u>가 한결 신선하였습니다. [　　]

21 스승의 가르침을 따르는 것은 <u>弟子</u>의 도리입니다. [　　]

22 드론을 이용하여 <u>地上</u>의 모양을 관찰할 수 있습니다. [　　]

23 그림 속 인물과 사진 속 인물은 <u>同一</u>한 사람입니다. [　　]

24 <u>二重</u> 유리창 속에는 공기가 있어 열이 잘 들어오거나 나가지 못합니다. [　　]

25 <u>民主</u>는 주권이 국민에게 있다는 뜻입니다. [　　]

26 유전 <u>工學</u>을 활용하여 더 많은 곡식을 생산할 수도 있습니다. [　　]

27 <u>少數</u>의 의견도 존중할 줄 알아야 합니다. [　　]

28 발굴 팀은 왕릉에서 도자기 유물을 <u>出土</u>하였습니다. [　　]

29 장마는 대체로 <u>六月</u>부터 시작됩니다. [　　]

30 규장각은 조선시대 <u>王立</u> 도서관이었습니다. [　　]

31 제 꿈은 하늘을 제패하는 <u>空軍</u>의 조종사가 되는 것입니다. [　　]

32 헌법은 <u>前文</u>과 주요 조항으로 이루어져 있습니다. [　　]

02 다음 漢字의 訓(훈:뜻)과 音(음:소리)을 쓰세요. (33~52)

보기	字 → 글자 자

33 問 [　　]　　**34** 來 [　　]

35 老 [　　]　　**36** 旗 [　　]

37 木 [　　　]　　38 內 [　　　]
39 所 [　　　]　　40 夏 [　　　]
41 植 [　　　]　　42 命 [　　　]
43 春 [　　　]　　44 世 [　　　]
45 冬 [　　　]　　46 小 [　　　]
47 室 [　　　]　　48 白 [　　　]
49 登 [　　　]　　50 兄 [　　　]
51 火 [　　　]　　52 右 [　　　]

03 다음 밑줄 친 단어의 漢字語를 〈보기〉에서 골라 그 번호를 쓰세요. (53~54)

보기　① 父母　② 花草　③ 不平　④ 靑天

53 그의 성공비결은 불평보다는 항상 즐거움을 찾으려 노력하는 자세에 있었습니다. [　　　]

54 화초를 기르는 것은 정신을 건강하게 해줍니다.
[　　　]

04 다음 訓(훈:뜻)과 음(음:소리)에 맞는 漢字를 〈보기〉에서 골라 그 번호를 쓰세요. (55~64)

보기　① 算　② 祖　③ 歌　④ 休
　　　⑤ 市　⑥ 然　⑦ 電　⑧ 林
　　　⑨ 答　⑩ 秋

55 그럴 연　　　[　　　]
56 셈 산　　　[　　　]
57 저자 시　　　[　　　]
58 노래 가　　　[　　　]
59 대답 답　　　[　　　]
60 할아비 조　　　[　　　]
61 수풀 림　　　[　　　]
62 쉴 휴　　　[　　　]
63 번개 전　　　[　　　]
64 가을 추　　　[　　　]

05 다음 漢字의 상대 또는 반대되는 漢字를 〈보기〉에서 골라 그 번호를 쓰세요. (65~66)

보기　① 手　② 東　③ 直　④ 敎

65 (　　) ↔ 西　　　66 (　　) ↔ 足

06 다음 漢字語의 뜻을 쓰세요. (67~68)
67 人力　　　[　　　]
68 長男　　　[　　　]

07 다음 漢字의 진하게 표시한 획은 몇 번째 쓰는지 〈보기〉에서 찾아 그 번호를 쓰세요. (69~70)

보기　① 첫 번째　② 두 번째
　　　③ 세 번째　④ 네 번째
　　　⑤ 다섯 번째　⑥ 여섯 번째
　　　⑦ 일곱 번째　⑧ 여덟 번째
　　　⑨ 아홉 번째　⑩ 열 번째

69  [　　　]

70 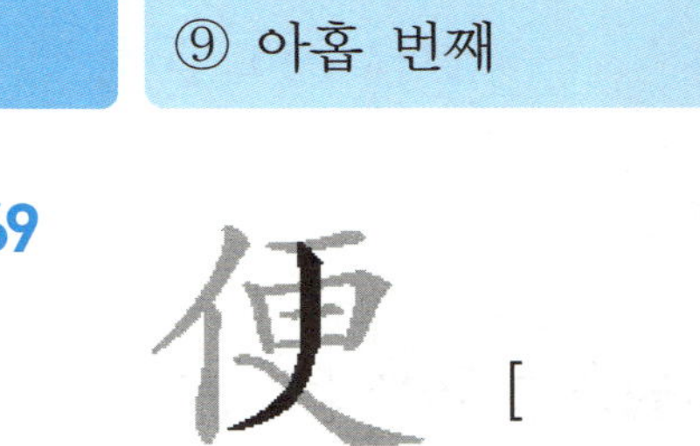 [　　　]

수험번호 □□□-□□-□□□□　　　　**성명** □□□□□

생년월일 □□□□□□　　　※ 유성 싸인펜, 붉은색 필기구 사용 불가.

※ 답안지는 컴퓨터로 처리되므로 구기거나 더럽히지 마시고, 정답 칸 안에만 쓰십시오. 글씨가 채점란으로 들어오면 오답처리가 됩니다.

제　　회 전국한자능력검정시험 7급 답안지(1)　　(시험시간 50분)

번호	정답	1검	2검	번호	정답	1검	2검	번호	정답	1검	2검
1				12				23			
2				13				24			
3				14				25			
4				15				26			
5				16				27			
6				17				28			
7				18				29			
8				19				30			
9				20				31			
10				21				32			
11				22				33			

감독위원	채점위원(1)		채점위원(2)		채점위원(3)	
(서명)	(득점)	(서명)	(득점)	(서명)	(득점)	(서명)

※ 답안지는 컴퓨터로 처리되므로 구기거나 더럽히지 마시고, 정답 칸 안에만 쓰십시오. 글씨가 채점란으로 들어오면 오답처리가 됩니다.

제　회 전국한자능력검정시험 7급 답안지(2)

답 안 란		채점란		답 안 란		채점란		답 안 란		채점란	
번호	정답	1검	2검	번호	정답	1검	2검	번호	정답	1검	2검
34				47				60			
35				48				61			
36				49				62			
37				50				63			
38				51				64			
39				52				65			
40				53				66			
41				54				67			
42				55				68			
43				56				69			
44				57				70			
45				58							
46				59							

한자능력검정시험 7급 예상문제

01 다음 밑줄 친 漢字語의 音(음:소리)을 쓰세요. (1~32)

| 보기 | 漢字 → 한자 |

1 外國 사람들은 젓가락 사용을 어려워합니다. [　　]

2 우리나라 農民들의 숫자가 점점 줄어들고 있습니다. [　　]

3 파도가 높아 배가 左右로 흔들립니다. [　　]

4 孝道는 으뜸가는 덕목 중 하나로 꼽힙니다. [　　]

5 그 게임을 하기에는 인원수가 不足합니다. [　　]

6 작년 운동회 때는 白軍이 이겼습니다. [　　]

7 오월을 계절의 女王이라고도 합니다. [　　]

8 최근에는 전기 自動車가 개발되고 있습니다. [　　]

9 이번 여행의 목적지는 東海로 정했습니다. [　　]

10 名色이 사장이라지만 실속이 없습니다. [　　]

11 前年에 비해 수출량이 크게 늘었습니다. [　　]

12 우리 고장은 土地가 비옥하여 농사가 잘 됩니다. [　　]

13 그는 文學에 뛰어난 재능이 있습니다. [　　]

14 민수가 우리 반 一同을 대표하여 선생님께 선물을 드렸습니다. [　　]

15 그가 읽은 책만도 三千 권이 넘는다고 합니다. [　　]

16 이 곳에 농산물 가공 工場이 들어설 예정입니다. [　　]

17 늦가을 새벽 空氣가 제법 쌀쌀해졌습니다. [　　]

18 우리 마을은 四方이 산으로 둘러싸여 있습니다. [　　]

19 바둑은 내가 더 잘 두지만 장기는 내가 下手입니다. [　　]

20 그는 家門의 대를 이을 장손입니다. [　　]

21 비가 갠 直後 하늘에는 영롱한 무지개가 떴습니다. [　　]

22 강물의 오염 정도를 알기 위해 水中 탐사를 시작하였습니다. [　　]

23 우리 市長님은 마치 동네 아저씨 같습니다. [　　]

24 할아버지는 平生을 교직에 몸담으셨습니다. [　　]

25 이 植物은 고산지대에서도 잘 자랍니다. [　　]

26 방학이라 教室이 덩그렇게 비었습니다. [　　]

27 수도권에 人口가 집중되고 있습니다. [　　]

28 학교가 멀어 스쿨버스로 登校합니다. [　　]

29 할머니는 七十이 넘으셨지만 여전히 정정하십니다. [　　]

30 小數는 0 다음에 점을 찍어 나타냅니다. [　　]

31 그 사건에 대한 기사가 신문의 紙面을 가득 채웠습니다. [　　]

32 태백산맥은 南北으로 길게 뻗쳐 있습니다. [　　]

02 다음 漢字의 訓(훈:뜻)과 音(음:소리)을 쓰세요. (33~52)

| 보기 | 字 → 글자 자 |

33 六 [　　] **34** 九 [　　]

35 話 [　　　]　　**36** 記 [　　　]

37 安 [　　　]　　**38** 時 [　　　]

39 所 [　　　]　　**40** 靑 [　　　]

41 五 [　　　]　　**42** 然 [　　　]

43 春 [　　　]　　**44** 天 [　　　]

45 里 [　　　]　　**46** 立 [　　　]

47 萬 [　　　]　　**48** 老 [　　　]

49 午 [　　　]　　**50** 世 [　　　]

51 力 [　　　]　　**52** 旗 [　　　]

03 다음 밑줄 친 단어의 漢字語를 〈보기〉에서 골라 그 번호를 쓰세요. (53~54)

> 보기　① 父母　② 火木　③ 不便　④ 電子

53 안개는 교통에 불편을 주기도 합니다.
[　　　]

54 갈수록 전자책이 다양해지고 있습니다.
[　　　]

04 다음 訓(훈:뜻)과 音(음:소리)에 맞는 漢字를 〈보기〉에서 골라 그 번호를 쓰세요. (55~64)

> 보기　① 每　② 主　③ 住　④ 夫
> ⑤ 祖　⑥ 百　⑦ 邑　⑧ 育
> ⑨ 全　⑩ 歌

55 일백 백　　[　　　]

56 지아비 부　　[　　　]

57 기를 육　　[　　　]

58 임금/주인 주　　[　　　]

59 매양 매　　[　　　]

60 온전 전　　[　　　]

61 살 주　　[　　　]

62 할아비 조　　[　　　]

63 노래 가　　[　　　]

64 고을 읍　　[　　　]

05 다음 漢字의 상대 또는 반대되는 漢字를 〈보기〉에서 골라 그 번호를 쓰세요. (65~66)

> 보기　① 兄　② 山　③ 姓　④ 出

65 (　　) ↔ 入　　　**66** (　　) ↔ 川

06 다음 漢字語의 뜻을 쓰세요. (67~68)

67 草食　　[　　　　　　　]

68 內心　　[　　　　　　　]

07 다음 漢字의 진하게 표시한 획은 몇 번째 쓰는지 〈보기〉에서 찾아 그 번호를 쓰세요. (69~70)

> 보기　① 첫 번째　② 두 번째
> ③ 세 번째　④ 네 번째
> ⑤ 다섯 번째　⑥ 여섯 번째
> ⑦ 일곱 번째　⑧ 여덟 번째
> ⑨ 아홉 번째　⑩ 열 번째

69

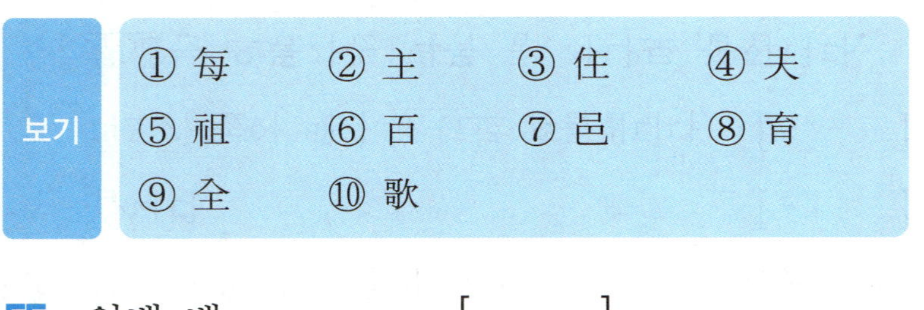

[　　　]

70

[　　　]

수험번호 □□□-□□-□□□□　　　**성명** □□□□□

생년월일 □□□□□□　　　※ 유성 싸인펜, 붉은색 필기구 사용 불가.

※ 답안지는 컴퓨터로 처리되므로 구기거나 더럽히지 마시고, 정답 칸 안에만 쓰십시오. 글씨가 채점란으로 들어오면 오답처리가 됩니다.

제　　회 전국한자능력검정시험 7급 답안지(1)　　(시험시간 50분)

번호	정답	1검	2검	번호	정답	1검	2검	번호	정답	1검	2검
1				12				23			
2				13				24			
3				14				25			
4				15				26			
5				16				27			
6				17				28			
7				18				29			
8				19				30			
9				20				31			
10				21				32			
11				22				33			

감독위원	채점위원(1)		채점위원(2)		채점위원(3)	
(서명)	(득점)	(서명)	(득점)	(서명)	(득점)	(서명)

※ 뒷면으로 이어짐

※ 답안지는 컴퓨터로 처리되므로 구기거나 더럽히지 마시고, 정답 칸 안에만 쓰십시오. 글씨가 채점란으로 들어오면 오답처리가 됩니다.

제　　회 전국한자능력검정시험 7급 답안지(2)

답 안 란		채점란		답 안 란		채점란		답 안 란		채점란	
번호	정답	1검	2검	번호	정답	1검	2검	번호	정답	1검	2검
34				47				60			
35				48				61			
36				49				62			
37				50				63			
38				51				64			
39				52				65			
40				53				66			
41				54				67			
42				55				68			
43				56				69			
44				57				70			
45				58							
46				59							

제8회 한자능력검정시험 7급 예상문제

문 항 수 : 70문항
합격문항 : 49문항
제한시간 : 50분

01 다음 밑줄 친 漢字語의 音(음:소리)을 쓰세요. (1~32)

보기	漢字 → 한자

1 나도 후세에 이름을 남길만한 <u>人物</u>이 되고 싶습니다. [   ]

2 <u>孝女</u> 심청의 이야기에 감동하였습니다. [   ]

3 삼촌은 <u>大學</u>에서 동양학을 전공합니다. [   ]

4 소녀 가장에 대한 <u>記事</u>가 신문에 났습니다. [   ]

5 봄에는 <u>室外</u> 활동이 많습니다. [   ]

6 부모님의 은혜는 <u>平生</u>을 갚아도 모자랍니다. [   ]

7 우리 <u>校長</u> 선생님은 마치 동네 할아버지처럼 친근하십니다. [   ]

8 왕의 <u>左右</u>에는 많은 인재들이 있었습니다. [   ]

9 독도는 누가 뭐라고 하더라도 우리의 <u>國土</u>입니다. [   ]

10 잔잔한 <u>水面</u>에 얼굴을 비추어 봅니다. [   ]

11 주차할 <u>空間</u>이 넉넉하지 않습니다. [   ]

12 아버지께서는 <u>兄弟</u>에게 큰 기대를 걸고 계십니다. [   ]

13 일본의 <u>植民</u> 통치는 우리의 역사를 단절시켰습니다. [   ]

14 이산가족들이 <u>北韓</u>의 가족들과 자주 만날 수 있는 길이 열렸으면 좋겠습니다. [   ]

15 그 <u>少年</u>은 가난 속에서도 웃음을 잃지 않았습니다. [   ]

16 세 번의 실험에서 모두 <u>同一</u>한 결과가 나왔습니다. [   ]

17 <u>電話</u>를 할 때에도 지켜야할 예절이 있습니다. [   ]

18 <u>教育</u>은 나라의 앞날을 좌우하는 일입니다. [   ]

19 그 <u>男子</u>의 목소리는 우렁우렁하고 씩씩했습니다. [   ]

20 줄다리기만큼은 <u>靑軍</u>이 유리합니다. [   ]

21 나는 심심할 때마다 <u>十字</u>말풀이를 합니다. [   ]

22 식사 <u>直後</u> 곧바로 이를 닦는 것은 좋지 않다고 합니다. [   ]

23 우리와 영수네는 이웃<u>四寸</u>입니다. [   ]

24 제가 태어난 것을 가장 기뻐한 이는 <u>祖父</u>셨다고 합니다. [   ]

25 시험은 <u>午前</u> 11시부터 시작합니다. [   ]

26 한식에는 조상의 <u>山所</u>를 찾아 성묘를 합니다. [   ]

27 섬에서는 <u>自家</u>발전기로 전기를 얻습니다. [   ]

28 바다는 <u>五色</u> 영롱한 저녁노을로 물들었습니다. [   ]

29 그는 비록 <u>村夫</u>로 살아왔지만 학식은 누구에게 뒤지지 않습니다. [   ]

30 <u>洞里</u> 어귀에 큰 느티나무가 그늘을 지웁니다. [   ]

31 마을 사람 대부분은 <u>農林</u>업에 종사합니다. [   ]

32 새소리를 듣고 있으면 새로운 <u>活力</u>이 솟습니다. [   ]

02 다음 漢字의 訓(훈:뜻)과 音(음:소리)을 쓰세요. (33~52)

보기	字 → 글자 자

33 重 [　　　]　　**34** 春 [　　　]
35 旗 [　　　]　　**36** 邑 [　　　]
37 命 [　　　]　　**38** 住 [　　　]
39 登 [　　　]　　**40** 每 [　　　]
41 氣 [　　　]　　**42** 算 [　　　]
43 姓 [　　　]　　**44** 安 [　　　]
45 出 [　　　]　　**46** 天 [　　　]
47 千 [　　　]　　**48** 世 [　　　]
49 然 [　　　]　　**50** 動 [　　　]
51 江 [　　　]　　**52** 川 [　　　]

03 다음 밑줄 친 단어의 漢字語를 〈보기〉에서 골라 그 번호를 쓰세요. (53~54)

보기	① 草地　　② 休場　　③ 便紙　　④ 中心

53 모처럼 찾아간 수목원이 아쉽게도 휴장하였다.
[　　　]

54 기다리던 합격 소식이 담긴 편지가 도착하였다.
[　　　]

04 다음 訓(훈:뜻)과 音(음:소리)에 맞는 漢字를 〈보기〉에서 골라 그 번호를 쓰세요. (55~64)

보기	① 市　②秋　③歌　④方 ⑤車　⑥道　⑦時　⑧先 ⑨東　⑩花

55 노래 가 [　　　]
56 수레 거/차 [　　　]
57 저자 시 [　　　]
58 먼저 선 [　　　]
59 때 시 [　　　]

60 꽃 화 [　　　]
61 길 도 [　　　]
62 동녘 동 [　　　]
63 가을 추 [　　　]
64 모 방 [　　　]

05 다음 漢字의 상대 또는 반대되는 漢字를 〈보기〉에서 골라 그 번호를 쓰세요. (65~66)

보기	① 全　　②足　　③夏　　④老

65 手 ↔ (　　)　　**66** (　　) ↔ 冬

06 다음 漢字語의 뜻을 쓰세요. (67~68)
67 主食 [　　　　　]
68 海上 [　　　　　]

07 다음 漢字의 진하게 표시한 획은 몇 번째 쓰는지 〈보기〉에서 찾아 그 번호를 쓰세요. (69~70)

보기	① 첫 번째　　② 두 번째 ③ 세 번째　　④ 네 번째 ⑤ 다섯 번째　⑥ 여섯 번째 ⑦ 일곱 번째　⑧ 여덟 번째 ⑨ 아홉 번째　⑩ 열 번째

69 南 [　　　]

70 數 [　　　]

수험번호 □□□-□□-□□□□   **성명** □□□□□

생년월일 □□□□□□

※ 유성 싸인펜, 붉은색 필기구 사용 불가.

※ 답안지는 컴퓨터로 처리되므로 구기거나 더럽히지 마시고, 정답 칸 안에만 쓰십시오. 글씨가 채점란으로 들어오면 오답처리가 됩니다.

제　회 전국한자능력검정시험 7급 답안지(1)   (시험시간 50분)

번호	정답	1검	2검	번호	정답	1검	2검	번호	정답	1검	2검
	답 안 란	채점란			답 안 란	채점란			답 안 란	채점란	
1				12				23			
2				13				24			
3				14				25			
4				15				26			
5				16				27			
6				17				28			
7				18				29			
8				19				30			
9				20				31			
10				21				32			
11				22				33			

감독위원	채점위원(1)		채점위원(2)		채점위원(3)	
(서명)	(득점)	(서명)	(득점)	(서명)	(득점)	(서명)

※ 뒷면으로 이어짐

※ 답안지는 컴퓨터로 처리되므로 구기거나 더럽히지 마시고, 정답 칸 안에만 쓰십시오. 글씨가 채점란으로 들어오면 오답처리가 됩니다.

제　　회 전국한자능력검정시험 7급 답안지(2)

| 답 안 란 | | 채점란 | | 답 안 란 | | 채점란 | | 답 안 란 | | 채점란 | |
번호	정답	1검	2검	번호	정답	1검	2검	번호	정답	1검	2검
34				47				60			
35				48				61			
36				49				62			
37				50				63			
38				51				64			
39				52				65			
40				53				66			
41				54				67			
42				55				68			
43				56				69			
44				57				70			
45				58							
46				59							

① 다음 밑줄 친 漢字語의 音(음:소리)을 쓰세요. (1~32)

> 보기　　　　漢字 → 한자

1 그들 兄弟는 우애가 남다릅니다. [　　]

2 十里는 약 4Km에 해당하는 거리입니다. [　　]

3 산과 들에서 채취한 식물들이 民間 요법에 사용되기도 합니다. [　　]

4 金九 선생의 『백범일지』에는 나라와 민족을 사랑하는 마음이 잘 나타나 있습니다. [　　]

5 이번 빙상 대회는 室外 경기장에서 열립니다. [　　]

6 최근 가뭄이 겹치면서 土地가 황폐해졌습니다. [　　]

7 이번 장마로 등산 계획이 全面 취소되었습니다. [　　]

8 최근에는 농업에도 自動 장치들을 많이 사용합니다. [　　]

9 우리 마을의 北方으로 큰 산맥이 에워싸고 있습니다. [　　]

10 萬一을 대비하여 비상 약을 준비하였습니다. [　　]

11 신랑과 신부가 하객들에게 감사의 人事를 하였습니다. [　　]

12 이 공연장의 관람석은 五百 석에 가깝습니다. [　　]

13 이 길은 우리나라 東西를 연결하는 주요 도로입니다. [　　]

14 최근에는 韓紙로 실을 뽑아 섬유를 만들기도 합니다. [　　]

15 몇 년 사이에 世上이 많이 바뀌었습니다. [　　]

16 보름달을 보며 모든 가족이 平安하기를 기원하였습니다. [　　]

17 火山의 대폭발로 큰 섬들이 생겨나기도 합니다. [　　]

18 파란색으로 大門을 예쁘게 칠하였습니다. [　　]

19 봄이 되자 들에는 온갖 生命으로 가득 찼습니다. [　　]

20 마을에 水道 시설이 모두 갖추어졌습니다. [　　]

21 오늘 校內 대강당에서 합창 대회가 열렸습니다. [　　]

22 정전이 되어 電算 업무가 마비되었습니다. [　　]

23 삼월 삼짇날 江南 갔던 제비가 돌아옵니다. [　　]

24 교황이 있는 바티칸처럼 하나의 시만으로 이루어진 국가를 市國이라 합니다. [　　]

25 군함들은 手旗를 흔들어 신호를 주고받기도 합니다. [　　]

26 그는 부모님께 下直하고 먼 길을 떠났습니다. [　　]

27 텔레비전은 그 사건을 每時마다 보도했습니다. [　　]

28 그는 대중 앞에서도 두려운 氣色없이 분명히 말하였습니다. [　　]

29 그의 한자 실력은 長足의 발전을 이루었습니다. [　　]

30 해달이 먹이를 찾아 海草 사이를 누빕니다. [　　]

31 어린 시절의 所重한 추억을 만드시기 바랍니다. [　　]

32 이 약은 食前에 먹는 것이 효과적입니다. [　　]

02 다음 漢字의 訓(훈:뜻)과 音(음:소리)을 쓰세요. (33~52)

보기	字 → 글자 자

33 祖 [   ]　　**34** 川 [   ]
35 休 [   ]　　**36** 家 [   ]
37 洞 [   ]　　**38** 歌 [   ]
39 植 [   ]　　**40** 然 [   ]
41 邑 [   ]　　**42** 話 [   ]
43 工 [   ]　　**44** 立 [   ]
45 文 [   ]　　**46** 夫 [   ]
47 來 [   ]　　**48** 白 [   ]
49 少 [   ]　　**50** 王 [   ]
51 正 [   ]　　**52** 左 [   ]

03 다음 밑줄 친 단어의 漢字語를 〈보기〉에서 골라 그 번호를 쓰세요. (53~54)

보기	① 年老　② 農場　③ 靑天　④ 春秋

53 할아버지 춘추가 벌써 아흔에 이르셨습니다.
[   ]

54 연로하신 몸에도 불구하고 목소리만큼은 쩌렁쩌렁 하십니다.
[   ]

04 다음 訓(훈:뜻)과 音(음:소리)에 맞는 漢字를 〈보기〉에서 골라 그 번호를 쓰세요. (55~64)

보기	① 活　② 出　③ 花　④ 主
	⑤ 村　⑥ 育　⑦ 同　⑧ 冬
	⑨ 林　⑩ 便

55 주인 주　　　　[   ]
56 겨울 동　　　　[   ]
57 날 출　　　　[   ]
58 기를 육　　　　[   ]
59 편할 편/똥오줌 변 [   ]

60 수풀 림　　　　[   ]
61 꽃 화　　　　[   ]
62 한가지 동　　　[   ]
63 살 활　　　　[   ]
64 마을 촌　　　　[   ]

05 다음 漢字의 상대 또는 반대되는 漢字를 〈보기〉에서 골라 그 번호를 쓰세요. (65~66)

보기	① 心　② 有　③ 先　④ 夕

65 物 ↔ (   )　　**66** (   ) ↔ 後

06 다음 漢字語의 뜻을 쓰세요. (67~68)
67 字母　　　　[   ]
68 入住　　　　[   ]

07 다음 漢字의 진하게 표시한 획은 몇 번째 쓰는지 〈보기〉에서 찾아 그 번호를 쓰세요. (69~70)

보기	① 첫 번째　② 두 번째
	③ 세 번째　④ 네 번째
	⑤ 다섯 번째　⑥ 여섯 번째
	⑦ 일곱 번째　⑧ 여덟 번째
	⑨ 아홉 번째　⑩ 열 번째

69 登 [   ]

70 男 [   ]

수험번호 □□□-□□-□□□□　　　　**성명** □□□□□

생년월일 □□□□□□

※ 유성 싸인펜, 붉은색 필기구 사용 불가.

※ 답안지는 컴퓨터로 처리되므로 구기거나 더럽히지 마시고, 정답 칸 안에만 쓰십시오. 글씨가 채점란으로 들어오면 오답처리가 됩니다.

제　　회 전국한자능력검정시험 7급 답안지(1)　　(시험시간 50분)

답 안 란		채점란		답 안 란		채점란		답 안 란		채점란	
번호	정답	1검	2검	번호	정답	1검	2검	번호	정답	1검	2검
1				12				23			
2				13				24			
3				14				25			
4				15				26			
5				16				27			
6				17				28			
7				18				29			
8				19				30			
9				20				31			
10				21				32			
11				22				33			

	감독위원	채점위원(1)		채점위원(2)		채점위원(3)	
	(서명)	(득점)	(서명)	(득점)	(서명)	(득점)	(서명)

※ 뒷면으로 이어짐

※ 답안지는 컴퓨터로 처리되므로 구기거나 더럽히지 마시고, 정답 칸 안에만 쓰십시오. 글씨가 채점란으로 들어오면 오답처리가 됩니다.

제　　회 전국한자능력검정시험 7급 답안지(2)

번호	정답	1검	2검	번호	정답	1검	2검	번호	정답	1검	2검
34				47				60			
35				48				61			
36				49				62			
37				50				63			
38				51				64			
39				52				65			
40				53				66			
41				54				67			
42				55				68			
43				56				69			
44				57				70			
45				58							
46				59							

한자능력검정시험 7급 예상문제 정답

【제1회】 예상문제(17p~18p)

1 효도	2 화림	3 전력	4 가부장
5 촌수	6 일기	7 실내	8 해수
9 소유	10 입동	11 심기	12 모녀
13 명물	14 문어	15 선수	16 동방
17 북한	18 공간	19 국토	20 오시
21 형제	22 산천	23 청춘	24 교기
25 입장	26 불평	27 정답	28 천금
29 소년	30 자백	31 좌우	32 구만리
33 편안 안	34 남녘 남	35 지아비 부	36 무거울 중
37 배울 학	38 오를 등	39 종이 지	40 노래 가
41 성 성	42 늙을 로	43 살 활	44 풀 초
45 가르칠 교	46 할아비 조	47 낯 면	48 살 주
49 그럴 연	50 번개 전	51 심을 식	52 저자 시
53 큰 문, 정문	54 겨냥한 곳에 바로 맞음		55 ②
56 ⑧	57 ⑦	58 ⑤	59 ⑨
60 ⑩	61 ③	62 ④	63 ⑥
64 ①	65 ①	66 ③	67 ②
68 ④	69 ⑧	70 ⑥	

【제3회】 예상문제(25p~26p)

1 초가	2 공중	3 군가	4 시간
5 강산	6 수공	7 교기	8 국립
9 기색	10 일기	11 남자	12 남해
13 도내	14 장녀	15 소년	16 농민
17 식물	18 동문	19 동구	20 등장
21 노모	22 삼천리	23 만사	24 직면
25 성명	26 생명	27 조상	28 청춘
29 안전	30 휴지	31 불편	32 수백
33 모 방	34 말씀 화	35 하늘 천	36 먼저 선
37 번개 전	38 동녘 동	39 살 주	40 올 래
41 그럴 연	42 있을 유	43 아래 하	44 스스로 자
45 작을 소	46 오를/오른(쪽) 우	47 매양 매	
48 고을 읍	49 내 천	50 효도 효	51 수풀 림
52 임금 왕	53 ④	54 ③	55 ⑨
56 ⑦	57 ⑤	58 ③	59 ①
60 ⑩	61 ⑥	62 ④	63 ⑧
64 ②	65 ①	66 ④	67 달이 떠오름
68 평평한 땅	69 ⑨	70 ⑦	

【제2회】 예상문제(21p~22p)

1 정오	2 천지	3 인력거	4 산천
5 촌수	6 세상	7 실내	8 해외
9 안전	10 화초	11 심산	12 모자
13 천추	14 가수	15 등교	16 남하
17 북한	18 공기	19 만민	20 식물
21 성명	22 가장	23 노년	24 시립
25 소중	26 부족	27 조부	28 중식
29 소녀	30 삼면	31 백군	32 자연
33 나라 국	34 동녘 동	35 지아비 부	36 마당 장
37 사이 간	38 먼저 선	39 번개 전	40 글월 문
41 아우 제	42 푸를 청	43 고을 읍	44 봄 춘
45 가르칠 교	46 기 기	47 평평할 평	48 말씀 화
49 왼 좌	50 종이 지	51 기를 육	52 대답 답
53 뒤쪽으로 난 문		54 마을	55 ②
56 ⑧	57 ⑦	58 ③	59 ⑨
60 ⑩	61 ①	62 ④	63 ⑥
64 ⑤	65 ②	66 ①	67 ④
68 ②	69 ⑦	70 ④	

【제4회】 예상문제(29p~30p)

1 매년	2 효심	3 전산	4 서산
5 정오	6 백기	7 초지	8 입동
9 농촌	10 교실	11 기입	12 휴지
13 노모	14 삼촌	15 공군	16 강남
17 동명	18 육림	19 전방	20 읍내
21 소녀	22 유력	23 천연	24 중대
25 학교	26 민가	27 왕명	28 조상
29 시장	30 외출	31 기도	32 만사
33 발 족	34 저녁 석	35 장인 공	36 푸를 청
37 오를 등	38 다섯 오	39 먼저 선	40 문 문
41 대답 답	42 말씀 화	43 마을 리	44 여섯 륙
45 쇠 금/ 성 김	46 손 수	47 아우 제	48 노래 가
49 낯/얼굴 면	50 아비 부	51 불 화	52 내 천
53 ④	54 ①	55 ③	56 ⑥
57 ⑨	58 ①	59 ⑤	60 ⑧
61 ④	62 ⑩	63 ⑦	64 ②
65 ④	66 ①	67 날로 먹음	
68 바로 다음/ 바로 뒤		69 ⑥	70 ①

한자능력검정시험 7급 예상문제 정답

【제5회】 예상문제(33p~34p)

1 산수	2 동서	3 국어	4 장소
5 소식	6 교가	7 연로	8 산림
9 공중	10 천만	11 조부	12 기사
13 시간	14 학력	15 외가	16 좌우
17 화초	18 생활	19 후세	20 직전
21 일자	22 전면	23 문물	24 백색
25 교육	26 불안	27 자동	28 입춘
29 추석	30 남해	31 문답	32 천연
33 마을 촌	34 입 구	35 군사 군	36 농사 농
37 길 도	38 골 동/밝을 통	39 오를 등	40 매양 매
41 목숨 명	42 백성 민	43 먼저 선	44 성 성
45 집 실	46 임금 왕	47 고을 읍	48 긴 장
49 무거울 중	50 종이 지	51 흙 토	52 한국/나라 한
53 ④	54 ①	55 ①	56 ⑥
57 ③	58 ⑦	59 ⑤	60 ②
61 ④	62 ⑩	63 ⑧	64 ⑨
65 ③	66 ④	67 손과 발	
68 어머니와 아들		69 ④	70 ④

【제7회】 예상문제(41p~42p)

1 외국	2 농민	3 좌우	4 효도
5 부족	6 백군	7 여왕	8 자동차
9 동해	10 명색	11 전년	12 토지
13 문학	14 일동	15 삼천	16 공장
17 공기	18 사방	19 하수	20 가문
21 직후	22 수중	23 시장	24 평생
25 식물	26 교실	27 인구	28 등교
29 칠십	30 소수	31 지면	32 남북
33 여섯 륙	34 아홉 구	35 말씀 화	36 기록할 기
37 편안 안	38 때 시	39 바 소	40 푸를 청
41 다섯 오	42 그럴 연	43 봄 춘	44 하늘 천
45 마을 리	46 설 립	47 일만 만	48 늙을 로
49 낮 오	50 인간 세	51 힘 력	52 기 기
53 ③	54 ④	55 ⑥	56 ④
57 ⑧	58 ②	59 ①	60 ⑨
61 ③	62 ⑤	63 ⑩	64 ⑦
65 ④	66 ②	67 풀을 먹음	68 속마음
69 ⑦	70 ⑩		

【제6회】 예상문제(37p~38p)

1 정오	2 생활	3 간식	4 인도
5 한지	6 일시	7 수면	8 남해
9 전국	10 한강	11 삼천리	12 효심
13 후기	14 외가	15 매사	16 농부
17 자동문	18 팔자	19 사물	20 대기
21 제자	22 지상	23 동일	24 이중
25 민주	26 공학	27 소수	28 출토
29 유월	30 왕립	31 공군	32 전문
33 물을 문	34 올 래	35 늙을 로	36 기기
37 나무 목	38 안 내	39 바 소	40 여름 하
41 심을 식	42 목숨 명	43 봄 춘	44 인간 세
45 겨울 동	46 작을 소	47 집 실	48 흰 백
49 오를 등	50 형 형	51 불 화	52 오를/오른(쪽)우
53 ③	54 ②	55 ⑥	56 ①
57 ⑤	58 ③	59 ⑨	60 ②
61 ⑧	62 ④	63 ⑦	64 ⑩
65 ②	66 ①	67 사람의 힘	68 맏아들
69 ⑧	70 ⑥		

【제8회】 예상문제(45p~46p)

1 인물	2 효녀	3 대학	4 기사
5 실외	6 평생	7 교장	8 좌우
9 국토	10 수면	11 공간	12 형제
13 식민	14 북한	15 소년	16 동일
17 전화	18 교육	19 남자	20 청군
21 십자	22 직후	23 사촌	24 조부
25 오전	26 산소	27 자가	28 오색
29 촌부	30 동리	31 농림	32 활력
33 무거울 중	34 봄 춘	35 기 기	36 고을 읍
37 목숨 명	38 살 주	39 오를 등	40 매양 매
41 기운 기	42 셈 산	43 성 성	44 편안 안
45 날 출	46 하늘 천	47 일천 천	48 인간 세
49 그럴 연	50 움직일 동	51 강 강	52 내 천
53 ②	54 ②	55 ③	56 ⑤
57 ①	58 ⑧	59 ⑦	60 ⑩
61 ⑥	62 ⑨	63 ②	64 ④
65 ②	66 ③	67 주된 음식	68 바다 위
69 ⑤	70 ⑧		

【제9회】예상문제(49p~50p)

1 형제	2 십리	3 민간	4 김구
5 실외	6 토지	7 전면	8 자동
9 북방	10 만일	11 인사	12 오백
13 동서	14 한지	15 세상	16 평안
17 화산	18 대문	19 생명	20 수도
21 교내	22 전산	23 강남	24 시국
25 수기	26 하직	27 매시	28 기색
29 장족	30 해초	31 소중	32 식전
33 할아비 조	34 내 천	35 쉴 휴	36 집 가
37 골 동/밝을 통	38 노래 가	39 심을 식	40 그럴 연
41 고을 읍	42 말씀 화	43 장인 공	44 설 립
45 글월 문	46 지아비 부	47 올 래	48 흰 백
49 적을 소	50 임금 왕	51 바를 정	52 왼 좌
53 ④	54 ①	55 ④	56 ⑧
57 ②	58 ⑥	59 ⑩	60 ⑨
61 ③	62 ⑦	63 ①	64 ⑤
65 ①	66 ③	67 자음과 모음	
68 들어가 살다(삶)	69 ⑥	70 ⑥	

한자능력검정시험

7급 기출문제 (제104회~제111회)

- 기출문제(제104회~제111회)
- 정답(81p~82p)

➜ 본 기출문제는 수험생들의 기억에 의하여 재생된 문제입니다.

01 다음 밑줄 친 漢字語의 音(음 : 소리)을 쓰세요. (1~32)

보기   漢字 → 한자

1 요즘 청소년들이 가장 선호하는 직업은 <u>歌手</u>입니다.
[   ]

2 <u>間食</u>을 많이 먹는 문화는 건강에 안 좋은 영향을 끼칩니다. [   ]

3 지난 범죄 사건으로 인해 치안에 <u>空白</u>이 생겼습니다.
[   ]

4 다른 나라의 <u>國土</u>를 침범하는 일은 결코 용납할 수 없습니다. [   ]

5 용의자는 경찰을 만나자 당황한 <u>氣色</u>을 감추지 못했습니다. [   ]

6 <u>來年</u>에는 중학교에 입학해서 새 친구들을 만나게 됩니다. [   ]

7 학생회장 선거에서 후보자의 공약에 관한 <u>問答</u>이 오갔습니다. [   ]

8 <u>立冬</u>이 되니 정말 겨울이 온다는 느낌이 들었습니다.
[   ]

9 주말 <u>登山</u>을 통해 평일에 쌓였던 스트레스를 풀 수 있습니다. [   ]

10 환경오염이 심해지면서 <u>農林</u> 산업이 각광을 받고 있습니다. [   ]

11 봄은 <u>萬物</u>이 소생하는 계절이라고들 말합니다.
[   ]

12 내 친구는 <u>每事</u>에 빈틈이 없이 행동하는 장점이 있습니다. [   ]

13 성실함은 제가 꿈꾸는 목표를 이루는 <u>動力</u>입니다.
[   ]

14 마지막 화살이 <u>命中</u>하면서 금메달을 목에 걸 수 있었습니다. [   ]

15 <u>千字文</u>을 떼고 나니 자신감이 한층 올라간 느낌입니다. [   ]

16 춘천 <u>方面</u>으로 가는 기차가 이제 곧 출발합니다.
[   ]

17 태풍이 <u>北上</u>하여 우리나라가 영향권에 접어들 전망입니다. [   ]

18 저는 <u>四寸</u>들과 매우 가깝게 지내는 편입니다.
[   ]

19 이 식물의 <u>生長</u> 기간은 다른 식물에 비해 긴 편입니다. [   ]

20 견우와 직녀가 만나는 날을 <u>七夕</u>이라고 부릅니다.
[   ]

21 부모를 잃었지만 씩씩하게 살아가는 <u>少女</u>를 보며 저 자신을 반성하게 되었습니다. [   ]

22 언제부터 <u>植木日</u>이 공휴일에서 제외되었나요?
[   ]

23 냉장고에 보관했다고 해서 무조건 <u>安心</u>하고 먹어서는 안 됩니다. [   ]

24 동해 관광을 통해 <u>天然</u>의 아름다움을 감상할 수 있었습니다. [   ]

25 공부에는 <u>王道</u>가 없다는 말처럼, 요행을 바라지 않는 태도가 중요합니다. [   ]

26 해가 뜨는 것만큼이나 멋진 모습이 <u>月出</u>임을 사람들은 잘 모르는 것 같습니다. [   ]

27 <u>正門</u>에 사람들이 몰려 매우 혼잡한 상황이라고 들었습니다. [   ]

28 수면 <u>不足</u>은 현대인들이 공통적으로 느끼는 어려움입니다. [   ]

29 미래의 <u>主人</u>은 어린이입니다. [　　]

30 정치인들은 <u>住民</u>들의 요구를 반영하여 정책을 수립해야 합니다. [　　]

31 우리 학교 <u>春秋</u>복은 참 예쁩니다. [　　]

32 저희 어머니는 <u>花草</u> 키우는 것을 좋아하십니다. [　　]

02 다음 밑줄 친 漢字語를 〈보기〉에서 찾아 그 번호를 쓰세요. (33~34)

보기	① 學校　② 東西　③ 算數　④ 地下

33 이 지역에는 여러 개의 <u>학교</u>가 밀집해 있습니다. [　　]

34 우리 동네에는 <u>동서</u>로 큰 길이 나 있습니다. [　　]

03 다음 漢字의 訓(훈: 뜻)과 音(음: 소리)을 쓰세요. (35~54)

보기	字 → 글자 자

35 午 [　　] **36** 姓 [　　]

37 世 [　　] **38** 名 [　　]

39 同 [　　] **40** 家 [　　]

41 市 [　　] **42** 里 [　　]

43 重 [　　] **44** 南 [　　]

45 先 [　　] **46** 江 [　　]

47 大 [　　] **48** 夫 [　　]

49 軍 [　　] **50** 夏 [　　]

51 邑 [　　] **52** 工 [　　]

53 老 [　　] **54** 育 [　　]

04 다음 訓(훈: 뜻)과 音(음: 소리)에 맞는 漢字를 〈보기〉에서 찾아 그 번호를 쓰세요. (55~64)

보기	① 室　② 口　③ 金　④ 話 ⑤ 所　⑥ 車　⑦ 有　⑧ 自 ⑨ 川　⑩ 父

55 아비 부 [　　]

56 바 소 [　　]

57 수레 거 ｜ 수레 차 [　　]

58 집 실 [　　]

59 내 천 [　　]

60 스스로 자 [　　]

61 입 구 [　　]

62 있을 유 [　　]

63 말씀 화 [　　]

64 쇠 금 ｜ 성 김 [　　]

05 다음 漢字의 상대(또는 반대)되는 漢字를 〈보기〉에서 골라 그 번호를 쓰세요. (65~66)

보기	① 內　② 全　③ 後　④ 紙

65 (　　) ↔ 外

66 前 ↔ (　　)

06 다음 뜻에 맞는 漢字語를 〈보기〉에서 찾아 그 번호를 쓰세요. (67~68)

보기	① 左右　② 水火　③ 兄弟　④ 母子

67 왼쪽과 오른쪽. [　　]

68 어머니와 아들. [　　]

07 다음 漢字의 진하게 표시한 획은 몇 번째 쓰는지 〈보기〉
에서 찾아 그 번호를 쓰세요. (69~70)

보기	① 첫 번째	② 두 번째
	③ 세 번째	④ 네 번째
	⑤ 다섯 번째	⑥ 여섯 번째
	⑦ 일곱 번째	⑧ 여덟 번째
	⑨ 아홉 번째	⑩ 열 번째
	⑪ 열한 번째	⑫ 열두 번째
	⑬ 열세 번째	

69 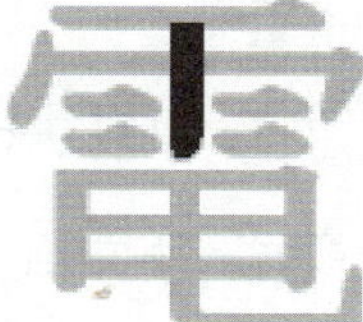　[　　]

70 　[　　]

01 다음 밑줄 친 漢字語의 音(음 : 소리)을 쓰세요. (1~32)

보기   漢字 → 한자

1 고즈넉한 <u>下午</u> 두 시 무렵 사냥꾼은 낮잠에 빠졌습니다.　　　　　　　　　　[　　　]

2 백제의 군사들은 성을 <u>三重</u>으로 포위하였습니다.　　　　　　　　　　[　　　]

3 우리나라의 <u>電子</u> 제품을 수입하려는 나라가 점점 늘고 있습니다.　　　　　　[　　　]

4 몸이 어디 <u>不便</u>한지 영희의 안색이 창백합니다.　　　　　　　　　[　　　]

5 할머니 <u>春秋</u>는 벌써 아흔을 바라봅니다.　　　　　　　　　　　[　　　]

6 계산기를 자주 사용하면 <u>算數</u> 실력이 잘 늘지 않습니다.　　　　　　　[　　　]

7 자고로 임금은 하늘을 공경하고 <u>百姓</u>을 사랑해야 하는 법입니다.　　　　　[　　　]

8 우리 마을은 칠월 <u>七夕</u>에 강냉이떡과 밀개떡을 즐겨 먹습니다.　　　　　　[　　　]

9 나무꾼 부부는 홀로 된 <u>老母</u>를 지극정성으로 모셨습니다.　　　　　　　[　　　]

10 집안청소는 아무리 잘해도 <u>生色</u>이 잘 나지 않습니다.　　　　　　　[　　　]

11 농업기술센터에서 초보 농군들에게 농기계 다루는 법을 <u>教育</u>해 줍니다.　　　[　　　]

12 주말에 이동하려면 <u>事前</u>에 차편을 알아보는 것이 좋겠습니다.　　　　　[　　　]

13 새로 발굴을 시작한 무덤에서 금동미륵상이 <u>出土</u>되었습니다.　　　　　　[　　　]

14 아주머니는 <u>氣力</u>이 부치는지 계단을 오르며 연신 숨을 헉헉거리셨습니다.　　[　　　]

15 삼촌은 군에 입대하기 위해 다니던 대학을 잠시 <u>休學</u>했습니다.　　　　　[　　　]

16 선생님은 <u>白紙</u>에 붓글씨로 내 이름을 써 주셨습니다.　　　　　　　[　　　]

17 개는 <u>主人</u>을 보자마자 반갑게 꼬리를 쳤습니다.　　　　　　　　　[　　　]

18 일제에 의해 왜곡된 역사는 올바르게 <u>正立</u>을 해야 합니다.　　　　　　[　　　]

19 우리 마을 경로잔치에 <u>邑長</u>님이 찾아와 자리를 빛내 주셨습니다.　　　　[　　　]

20 엄마께서 횟감을 사러 수산물 <u>市場</u>에 가셨습니다.　　　　　　　　[　　　]

21 영희는 나를 보고도 못 본 척 <u>外面</u>을 하고 지나갔습니다.　　　　　　[　　　]

22 우리나라의 <u>國花</u>는 무궁화입니다.　　[　　　]

23 요즘엔 혼자 사는 1인 <u>家口</u>가 점점 늘어나는 추세입니다.　　　　　　[　　　]

24 예전에, 양반이 아닌 상민이 살던 마을을 <u>民村</u>이라고 하였습니다.　　　　[　　　]

25 군인들이 발을 힘껏 구르며 절도 있게 <u>軍歌</u>를 부릅니다.　　　　　　[　　　]

26 우리는 <u>來日</u> 날이 밝자마자 다음 목적지로 출발할 예정입니다.　　　　　[　　　]

27 날이 따뜻해진 요즘이 <u>植木</u>하기에는 제철입니다.　　　　　　　　[　　　]

28 무분별한 벌목과 산불로 <u>山林</u> 자원이 점차 줄어들고 있습니다.　　　　　[　　　]

29 박 병장은 스무 발의 총알을 모두 표적에 <u>命中</u>시켰습니다.   [   ]

30 함선들 간에는 <u>手旗</u>로 신호를 주고받기도 합니다.   [   ]

31 이 건물의 5층에는 변호사 사무실이 <u>入住</u>해 있습니다.   [   ]

32 고창의 특산물로는 수박이 <u>有名</u>합니다. [   ]

02 다음 밑줄 친 漢字語를 〈보기〉에서 찾아 그 번호를 쓰세요. (33~34)

보기	① 萬世 ② 天然 ③ 校時 ④ 祖上

33 철수는 묻는 말에 대답은 않고 <u>천연</u>덕스레 먼 산만 바라봅니다.   [   ]

34 한식에는 <u>조상</u>의 산소를 찾아 성묘를 합니다.   [   ]

03 다음 漢字의 訓(훈: 뜻)과 音(음: 소리)을 쓰세요. (35~54)

보기	字 → 글자 자

35 安 [   ]   **36** 活 [   ]
37 少 [   ]   **38** 江 [   ]
39 海 [   ]   **40** 答 [   ]
41 內 [   ]   **42** 夏 [   ]
43 孝 [   ]   **44** 食 [   ]
45 工 [   ]   **46** 夫 [   ]
47 冬 [   ]   **48** 文 [   ]
49 話 [   ]   **50** 道 [   ]
51 左 [   ]   **52** 方 [   ]
53 千 [   ]   **54** 平 [   ]

04 다음 訓(훈: 뜻)과 音(음: 소리)에 맞는 漢字를 〈보기〉에서 찾아 그 번호를 쓰세요. (55~64)

보기	① 登 ② 同 ③ 足 ④ 記 ⑤ 所 ⑥ 里 ⑦ 草 ⑧ 全 ⑨ 每 ⑩ 川

55 오를 등   [   ]
56 바 소   [   ]
57 풀 초   [   ]
58 마을 리   [   ]
59 한가지 동   [   ]
60 내 천   [   ]
61 매양 매   [   ]
62 기록할 기   [   ]
63 발 족   [   ]
64 온전 전   [   ]

05 다음 漢字의 상대(또는 반대)되는 漢字를 〈보기〉에서 골라 그 번호를 쓰세요. (65~66)

보기	① 物 ② 直 ③ 男 ④ 後

65 (   ) ↔ 心
66 先 ↔ (   )

06 다음 뜻에 맞는 漢字語를 〈보기〉에서 찾아 그 번호를 쓰세요. (67~68)

보기	① 車間 ② 動地 ③ 自農 ④ 空洞

67 땅을 움직임.   [   ]
68 아무것도 없이 텅 빈 큰 골짜기.   [   ]

07 다음 漢字의 진하게 표시한 획은 몇 번째 쓰는지 〈보기〉
에서 찾아 그 번호를 쓰세요. (69~70)

보기	① 첫 번째　　② 두 번째 ③ 세 번째　　④ 네 번째 ⑤ 다섯 번째

69　火　[　　]

70　北　[　　]

01 다음 밑줄 친 漢字語의 音(음 : 소리)을 쓰세요. (1~32)

보기 　　　漢字 → 한자

1 수험생들은 오전 열한 시까지 <u>入室</u>을 완료해야 합
니다. [　　　]

2 이장님은 우리 마을의 발전을 위해 <u>全心</u>을 다했습
니다. [　　　]

3 아버지는 수산 <u>市場</u>에 가서 회를 사 오셨습니다.
[　　　]

4 선두에서 펄럭이는 <u>軍旗</u>를 따라 병사들이 행진을
하였습니다. [　　　]

5 톱과 끌 그리고 망치는 <u>木工</u> 작업의 기본 도구입
니다. [　　　]

6 지구의 기온이 <u>每年</u> 조금씩 올라가고 있습니다.
[　　　]

7 사람의 <u>生命</u>보다 더 귀중한 것은 없습니다.
[　　　]

8 그 무용수는 파리를 무대로 활발한 <u>活動</u>을 하였습
니다. [　　　]

9 그는 세계 선수권 대회에 참가하기 위해 <u>出國</u>했습
니다. [　　　]

10 두 사람은 함께 공부하면서 <u>自然</u>스레 친해졌습니다.
[　　　]

11 선생님 댁 <u>子弟</u>분은 모두 5남매입니다. [　　　]

12 세계적인 아동 <u>文學</u> 작가로는 안데르센을 꼽습니다.
[　　　]

13 비가 많이 오긴 했지만 별다른 피해가 없어서 <u>千
萬</u>다행입니다. [　　　]

14 깨끗한 자연환경을 <u>所重</u>하게 여기고 잘 보존해야
합니다. [　　　]

15 전통문화에는 우리 <u>祖上</u>들의 얼과 지혜가 녹아있
습니다. [　　　]

16 요즘은 건강을 위해 <u>小食</u>하는 사람들이 많습니다.
[　　　]

17 다람쥐는 먹을 것이 <u>不足</u>한 겨울을 대비해 도토리
를 저장합니다. [　　　]

18 철수는 삼 형제 중 <u>長男</u>입니다. [　　　]

19 <u>正午</u>에 소나기가 그치더니 앞산에 무지개가 걸렸
습니다. [　　　]

20 서울의 <u>江北</u> 지역에는 유서 깊은 고궁이 많습니다.
[　　　]

21 서울 근교의 산들은 <u>休日</u>이면 등산객으로 무척 붐
빕니다. [　　　]

22 올해 농사가 대풍이어서 <u>農夫</u>들의 얼굴에는 미소
가 가득합니다. [　　　]

23 <u>草家</u>지붕 위로 탐스럽게 박이 열렸습니다.
[　　　]

24 최근에는 다양한 <u>電氣</u> 자동차가 출시되고 있습니다.
[　　　]

25 경치가 아름다운 칠갑산은 <u>道立</u>공원입니다.
[　　　]

26 꽃밭에는 <u>五色</u> 영롱한 꽃들이 피어났습니다.
[　　　]

27 영희가 보내준 <u>便紙</u> 속에는 네잎클로버가 들어있
었습니다. [　　　]

28 비가 쏟아짐과 <u>同時</u>에 번개가 치고 천둥이 울렸습
니다. [　　　]

29 그는 남녀노소 누구나 좋아하는 <u>歌手</u>입니다.
[　　　]

30 임금은 <u>百姓</u>들을 잘 돌본 관리에게 특별한 상을 내렸습니다. [   ]

31 운동 <u>前後</u>에는 물이나 이온 음료를 충분히 마시는 것이 좋습니다. [   ]

32 <u>洞口</u> 밖 감나무에는 빨간 감이 주렁주렁 매달려 있습니다. [   ]

02 다음 밑줄 친 漢字語를 〈보기〉에서 찾아 그 번호를 쓰세요. (33~34)

보기	① 外來　② 植物　③ 登記　④ 天地

33 <u>천지</u>를 분간하기 어려울 정도로 짙은 안개가 끼었습니다. [   ]

34 베스나 불루길같은 물고기는 토종 생태계를 교란하는 <u>외래</u> 어종입니다. [   ]

03 다음 漢字의 訓(훈 : 뜻)과 音(음 : 소리)을 쓰세요. (35~54)

보기	字 → 글자 자

35 方 [   ]　36 孝 [   ]
37 花 [   ]　38 名 [   ]
39 敎 [   ]　40 校 [   ]
41 話 [   ]　42 有 [   ]
43 右 [   ]　44 算 [   ]
45 民 [   ]　46 寸 [   ]
47 內 [   ]　48 夏 [   ]
49 冬 [   ]　50 平 [   ]
51 下 [   ]　52 左 [   ]
53 間 [   ]　54 空 [   ]

04 다음 訓(훈 : 뜻)과 音(음 : 소리)에 맞는 漢字를 〈보기〉에서 골라 그 번호를 쓰세요. (55~64)

보기	① 答　② 世　③ 川　④ 里 ⑤ 面　⑥ 直　⑦ 靑　⑧ 力 ⑨ 數　⑩ 夕

55 마을 리 [   ]
56 셈 수 [   ]
57 낯 면 [   ]
58 저녁 석 [   ]
59 내 천 [   ]
60 힘 력 [   ]
61 인간 세 [   ]
62 곧을 직 [   ]
63 대답 답 [   ]
64 푸를 청 [   ]

05 다음 漢字의 상대(또는 반대)되는 漢字를 〈보기〉에서 골라 그 번호를 쓰세요. (65~66)

보기	① 母　② 少　③ 春　④ 先

65 (   ) ↔ 秋
66 老 ↔ (   )

06 다음 뜻에 맞는 漢字語를 〈보기〉에서 찾아 그 번호를 쓰세요. (67~68)

보기	① 邑村　② 安住　③ 育林　④ 車主

67 자리 잡고 편안히 삶. [   ]

68 나무를 심거나 씨를 뿌려 인공적으로 나무를 가꾸는 일. [   ]

07 다음 漢字의 진하게 표시한 획은 몇 번째 쓰는지 〈보기〉에서 찾아 그 번호를 쓰세요. (69~70)

보기	① 첫 번째 ② 두 번째 ③ 세 번째 ④ 네 번째 ⑤ 다섯 번째 ⑥ 여섯 번째 ⑦ 일곱 번째 ⑧ 여덟 번째 ⑨ 아홉 번째 ⑩ 열 번째

69  [　　]

70 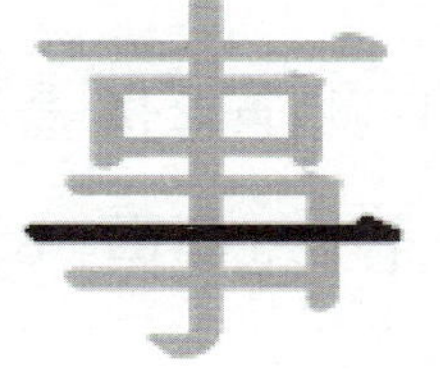 [　　]

01 다음 밑줄 친 漢字語의 흡(음 : 소리)을 쓰세요. (1~32)

보기　　漢字 → 한자

1 벼룩시장에는 五萬 잡동사니들이 다 나와 있었습니다. [　　]

2 電話를 걸거나 받을 때는 용건만 간단히 합니다. [　　]

3 그들은 약속 場所에 똑같이 도착했습니다. [　　]

4 거실을 白色 페인트로 칠을 했더니 훨씬 넓어 보입니다. [　　]

5 여행은 지친 일상에 活力을 가져다줍니다. [　　]

6 이 창문은 三重 유리를 사용하여 만들었습니다. [　　]

7 바람이 南東쪽에서 불어오고 있습니다. [　　]

8 寸數를 따져보니 철수와 나는 오촌이었습니다. [　　]

9 올해는 날씨가 좋아 모든 農事가 대풍입니다. [　　]

10 이순신 장군이 이끄는 조선의 水軍은 승승장구하였습니다. [　　]

11 기차 역무원이 手旗로 출발 신호를 보냈습니다. [　　]

12 고리오 영감은 世上에 둘도 없는 욕심쟁이였습니다. [　　]

13 황사가 심한 날에는 室外 활동을 자제하는 것이 좋습니다. [　　]

14 추석에는 一家친척이 모두 큰댁으로 모입니다. [　　]

15 먹구름이 몰려오는 걸 보니 午後에는 소나기가 올 모양입니다. [　　]

16 우리 학교는 每年 송년 음악회를 엽니다. [　　]

17 이번 학기에 여자 校長 선생님께서 새로 부임하셨습니다. [　　]

18 경복궁에서 만난 그 외국인은 韓國말을 유창하게 했습니다. [　　]

19 나무꾼은 선녀를 붙잡지 못한 것이 千秋의 한으로 남았습니다. [　　]

20 기상청은 七月 중순부터 장마가 시작될 것이라고 예보하였습니다. [　　]

21 재채기나 트림은 自然스러운 생리 현상입니다. [　　]

22 제주도의 오름은 火山 활동으로 만들어졌습니다. [　　]

23 어린이들은 장차 나라의 主人이 될 사람들입니다. [　　]

24 할아버지께서는 八十 노령에도 아직 정정하십니다. [　　]

25 다른 사람이 말하는 中間에 끼어드는 것은 실례입니다. [　　]

26 우리나라 西海는 갯벌이 잘 발달하였습니다. [　　]

27 대학을 다니던 오빠는 休學을 한 후 군대에 갔습니다. [　　]

28 꿀벌은 女王벌을 중심으로 일사불란하게 움직입니다. [　　]

29 활쏘기라면 天下에 그를 따라잡을 이가 없습니다. [　　]

30 임금님은 공주의 병을 낫게 할 약을 <u>百方</u>으로 수 소문하였습니다. [   ]

31 그곳은 워낙 외져서 드나드는 <u>車便</u>도 드뭅니다. [   ]

32 한강 공원에는 놀러 나온 <u>市民</u>들로 북적북적합니다. [   ]

02 다음 밑줄 친 漢字語를 〈보기〉에서 찾아 그 번호를 쓰세요. (33~34)

보기	① 正面　　② 敎育　　③ 生食　　④ 日出

33 새해 첫날 우리는 동해로 <u>일출</u>을 보러 갔습니다. [   ]

34 광화문 <u>정면</u>에는 이순신 장군의 동상이 버티고 서 있습니다. [   ]

03 다음 漢字의 訓(훈 : 뜻)과 音(음 : 소리)을 쓰세요. (35~54)

보기	字 → 글자 자

35 洞 [   ]　　**36** 歌 [   ]

37 文 [   ]　　**38** 命 [   ]

39 里 [   ]　　**40** 地 [   ]

41 夫 [   ]　　**42** 登 [   ]

43 夕 [   ]　　**44** 川 [   ]

45 植 [   ]　　**46** 春 [   ]

47 來 [   ]　　**48** 名 [   ]

49 邑 [   ]　　**50** 口 [   ]

51 時 [   ]　　**52** 工 [   ]

53 空 [   ]　　**54** 草 [   ]

04 다음 訓(훈 : 뜻)과 音(음 : 소리)에 맞는 漢字를 〈보기〉에서 골라 그 번호를 쓰세요. (55~64)

보기	① 少　　② 紙　　③ 花　　④ 有 ⑤ 林　　⑥ 入　　⑦ 住　　⑧ 算 ⑨ 祖　　⑩ 同

55 살 주 [   ]

56 들 입 [   ]

57 적을 소 [   ]

58 수풀 림 [   ]

59 꽃 화 [   ]

60 종이 지 [   ]

61 한가지 동 [   ]

62 할아비 조 [   ]

63 있을 유 [   ]

64 셈 산 [   ]

05 다음 漢字의 상대(또는 반대)되는 漢字를 〈보기〉에서 골라 그 번호를 쓰세요. (65~66)

보기	① 物　　② 動　　③ 冬　　④ 道

65 (   ) ↔ 心

66 夏 ↔ (   )

06 다음 뜻에 맞는 漢字語를 〈보기〉에서 찾아 그 번호를 쓰세요. (67~68)

보기	① 直前　　② 不問　　③ 村老　　④ 安全

67 시골에 사는 늙은이. [   ]

68 묻지 아니함. [   ]

07 다음 漢字의 진하게 표시한 획은 몇 번째 쓰는지 〈보기〉
에서 찾아 그 번호를 쓰세요. (69~70)

보기		
	① 첫 번째	② 두 번째
	③ 세 번째	④ 네 번째
	⑤ 다섯 번째	⑥ 여섯 번째
	⑦ 일곱 번째	⑧ 여덟 번
	⑨ 아홉 번째	⑩ 열 번째

69 江 [　　]

70 氣 [　　]

01 다음 밑줄 친 漢字語의 音(음 : 소리)을 쓰세요. (1~32)

> 보기　　　漢字 → 한자

1 수탉이 우는 소리가 온 洞里에 울려 퍼졌습니다. [　　]

2 나는 유럽에 가서 서양 文物을 직접 보고 싶습니다. [　　]

3 우리 마을은 일제강점기에 백석리라고 命名되었습니다. [　　]

4 그는 추운 地方 출신이라서 추위를 타지 않습니다. [　　]

5 그는 평범한 農夫의 셋째 아들로 태어났습니다. [　　]

6 날씨가 따뜻해서 登山하기 좋습니다. [　　]

7 오늘 夕食으로는 비빔밥이 제공됩니다. [　　]

8 내일은 植木일이니 꼭 나무 한 그루씩 심읍시다. [　　]

9 그는 가까스로 표를 구해 春川행 열차를 탔습니다. [　　]

10 수입 개방으로 外國 농산물이 밀려들어 옵니다. [　　]

11 어머니는 지금 邑內에 나가고 안 계십니다. [　　]

12 우리나라는 농업 人口가 갈수록 줄어들고 있습니다. [　　]

13 오늘 1校時 수업은 국어입니다. [　　]

14 아버지는 가구 工場에서 근무하십니다. [　　]

15 花草에 물을 주지 않았더니 시들어 버렸습니다. [　　]

16 어린 少年이 세발자전거를 달달대며 타고 있습니다. [　　]

17 이 종이는 紙面이 매끄럽습니다. [　　]

18 우리 팀은 有力한 우승 후보와 맞붙어서 이겼습니다. [　　]

19 나는 수첩을 뒤져 그의 전화번호와 住所를 찾았습니다. [　　]

20 한식에는 祖上의 산소에 성묘를 합니다. [　　]

21 그와 나는 같은 고등학교를 나온 同門입니다. [　　]

22 갑자기 電氣가 나가 집안이 온통 컴컴합니다. [　　]

23 구조 요원들이 신속한 구조 活動을 벌이고 있습니다. [　　]

24 적들의 공격을 대비해 성문을 二重으로 만들었습니다. [　　]

25 내 성적은 늘 반에서 中間을 맴돕니다. [　　]

26 오늘 午前부터 휘발유 값이 일제히 올랐습니다. [　　]

27 오늘 역사 시간에는 조선 王室의 가계표를 그렸습니다. [　　]

28 언덕을 넘어서자 白色의 설원이 눈앞에 나타났습니다. [　　]

29 그는 청각장애우들과 대화를 하기 위해서 手話를 배웠습니다. [　　]

30 그녀는 경제적 自立을 위해 취직을 서둘렀습니다. [　　]

31 박 대리는 老後를 대비하여 매달 적금을 붓고 있습니다. [　　]

32 인간의 신체는 左右가 대칭을 이룹니다. [　　]

02 다음 밑줄 친 漢字語를 〈보기〉에서 찾아 그 번호를 쓰세요. (33~34)

보기　① 算數　② 教育　③ 問答　④ 軍歌

33 군인들이 기운차게 군가를 부릅니다. [　　]

34 경수는 이번 산수 시험에서 만점을 받았습니다.

[　　]

03 다음 漢字의 訓(훈 : 뜻)과 音(음 : 소리)을 쓰세요. (35~54)

보기　字 → 글자 자

35 足 [　　]　36 北 [　　]
37 東 [　　]　38 道 [　　]
39 秋 [　　]　40 海 [　　]
41 每 [　　]　42 林 [　　]
43 旗 [　　]　44 然 [　　]
45 先 [　　]　46 家 [　　]
47 天 [　　]　48 全 [　　]
49 冬 [　　]　50 兄 [　　]
51 火 [　　]　52 市 [　　]
53 六 [　　]　54 寸 [　　]

04 다음 訓(훈 : 뜻)과 音(음 : 소리)에 맞는 漢字를 〈보기〉에서 골라 그 번호를 쓰세요. (55~64)

보기　① 孝　② 世　③ 母　④ 萬
　　　⑤ 來　⑥ 長　⑦ 弟　⑧ 民
　　　⑨ 學　⑩ 西

55 백성 민 [　　]
56 어미 모 [　　]
57 서녘 서 [　　]
58 올 래 [　　]
59 아우 제 [　　]
60 일만 만 [　　]

61 효도 효 [　　]
62 인간 세 [　　]
63 긴 장 [　　]
64 배울 학 [　　]

05 다음 漢字의 상대(또는 반대)되는 漢字를 〈보기〉에서 골라 그 번호를 쓰세요. (65~66)

보기　① 入　② 平　③ 男　④ 直

65 (　　) ↔ 女
66 出 ↔ (　　)

06 다음 뜻에 맞는 漢字語를 〈보기〉에서 찾아 그 번호를 쓰세요. (67~68)

보기　① 南韓　② 便安　③ 記事　④ 休日

67 편하고 걱정 없이 좋음. [　　]
68 일을 하지 아니하고 쉬는 날. [　　]

07 다음 漢字의 진하게 표시한 획은 몇 번째 쓰는지 〈보기〉에서 찾아 그 번호를 쓰세요. (69~70)

보기　① 첫 번째　② 두 번째
　　　③ 세 번째　④ 네 번째
　　　⑤ 다섯 번째　⑥ 여섯 번째
　　　⑦ 일곱 번째　⑧ 여덟 번째

69 空 [　　]

70 村 [　　]

01 다음 밑줄 친 漢字語의 흠(음 : 소리)을 쓰세요. (1~32)

> 보기 漢字 → 한자

1 아이들은 <u>時間</u> 가는 줄도 모르고 술래잡기 놀이에 빠졌습니다. [   ]

2 <u>邑內</u> 장터에는 5일마다 한 번씩 장이 섭니다. [   ]

3 이 산은 개인 <u>所有</u>라서 함부로 산나물을 채취하면 안 됩니다. [   ]

4 고구려 기마병은 당나라의 <u>大軍</u>과 용감하게 맞서 싸웠습니다. [   ]

5 우리는 전통 문화 속에서 <u>先祖</u>들의 지혜를 엿볼 수 있습니다. [   ]

6 영희가 바둑에 <u>入門</u>한 지는 석 달 남짓 됩니다. [   ]

7 땅이 녹지 않은 아직은 <u>植木</u>하기에 이른 철입니다. [   ]

8 우리 마을 <u>住民</u> 중에는 100살이 넘은 분도 계십니다. [   ]

9 할아버지는 <u>每日</u> 한 번씩 논밭을 돌아보십니다. [   ]

10 그 선수는 부상 때문에 이번 경기에는 <u>出場</u>하지 못했습니다. [   ]

11 영희는 <u>正色</u>을 하고 철수를 똑바로 쳐다보았습니다. [   ]

12 할머니는 너무 <u>年老</u>하셔서 먼 여행을 가실 수 없습니다. [   ]

13 한번 파괴된 <u>自然</u>은 원래대로 회복하기가 어렵습니다. [   ]

14 사슴은 자신의 <u>生命</u>을 구해준 나무꾼에게 은혜를 갚았습니다. [   ]

15 올해는 <u>立冬</u>이 되기도 전에 벌써 첫눈이 내렸습니다. [   ]

16 아까 끓는 물에 덴 곳이 <u>火氣</u>로 화끈거립니다. [   ]

17 봄이 되면 <u>農夫</u>들의 손길이 무척 바빠집니다. [   ]

18 한 번 정한 규칙이 그때그때 상황에 따라 <u>左右</u>되어서는 안 됩니다. [   ]

19 비를 흠뻑 맞은 아이의 얼굴은 <u>白紙</u>장처럼 창백했습니다. [   ]

20 그 부부는 결혼한 지 <u>七八</u> 년 쯤 되었습니다. [   ]

21 눈 덮인 설악산의 풍경은 <u>天下</u>의 절경이었습니다. [   ]

22 이번에 전학을 온 <u>男子</u>아이의 이름은 현수입니다. [   ]

23 보통 한 세대는 <u>三十</u> 년 정도 되는 기간으로 잡습니다. [   ]

24 철수는 선수 <u>一同</u>을 대표하여 전교생 앞에서 선서를 했습니다. [   ]

25 벼룩시장에 나온 <u>五萬</u> 가지 물건을 구경하는 재미가 쏠쏠합니다. [   ]

26 오월의 <u>山川</u>은 온통 연둣빛 치마를 두른 듯합니다. [   ]

27 젊은 마을 <u>里長</u>님은 늘 오토바이를 타고 다닙니다. [   ]

28 화목원에는 봄볕을 받고 자란 <u>百花</u>가 만발하였습니다. [   ]

29 나는 <u>世上</u>에서 거짓말하는 사람이 제일 밉습니다. [ ]

30 교장 선생님은 아침마다 교문 앞에서 학생들과 <u>人事</u>합니다. [ ]

31 이 섬의 <u>北東</u> 쪽에는 깎아지른 바위 절벽이 있습니다. [ ]

32 그분은 다섯 <u>兄弟</u> 중 셋째로 태어나셨다고 합니다. [ ]

02 다음 밑줄 친 漢字語를 〈보기〉에서 찾아 그 번호를 쓰세요. (33~34)

보기	① 前車　② 不便　③ 電話　④ 方面

33 봄이 되자 겨울 철새들이 북쪽 <u>방면</u>으로 날아갑니다. [ ]

34 다리가 <u>불편</u>하신 할머니께서는 휠체어를 타십니다. [ ]

03 다음 漢字의 訓(훈 : 뜻)과 音(음 : 소리)을 쓰세요. (35~54)

보기	字 → 글자 자

35 安 [ ]　**36** 家 [ ]

37 直 [ ]　**38** 休 [ ]

39 口 [ ]　**40** 空 [ ]

41 歌 [ ]　**42** 秋 [ ]

43 春 [ ]　**44** 市 [ ]

45 工 [ ]　**46** 平 [ ]

47 活 [ ]　**48** 午 [ ]

49 林 [ ]　**50** 村 [ ]

51 食 [ ]　**52** 海 [ ]

53 答 [ ]　**54** 洞 [ ]

04 다음 訓(훈 : 뜻)과 音(음 : 소리)에 맞는 漢字를 〈보기〉에서 찾아 그 번호를 쓰세요. (55~64)

보기	① 育　② 旗　③ 夏　④ 算 ⑤ 登　⑥ 草　⑦ 重　⑧ 數 ⑨ 千　⑩ 來

55 일천 천 [ ]

56 기 기 [ ]

57 오를 등 [ ]

58 풀 초 [ ]

59 셈 수 [ ]

60 셈 산 [ ]

61 기를 육 [ ]

62 올 래 [ ]

63 무거울 중 [ ]

64 여름 하 [ ]

05 다음 漢字의 상대(또는 반대)되는 漢字를 〈보기〉에서 골라 그 번호를 쓰세요. (65~66)

보기	① 敎　② 物　③ 足　④ 姓

65 ( ) ↔ 心

66 手 ↔ ( )

06 다음 뜻에 맞는 漢字語를 〈보기〉에서 찾아 그 번호를 쓰세요. (67~68)

보기	① 地主　② 名文　③ 後記　④ 動力

67 뛰어나게 잘 지은 글. [ ]

68 땅의 주인. [ ]

07 다음 漢字의 진하게 표시한 획은 몇 번째 쓰는지 〈보기〉에서 찾아 그 번호를 쓰세요. (69~70)

보기	① 첫 번째 ② 두 번째 ③ 세 번째 ④ 네 번째

69      [   ]

70      [   ]

01 다음 밑줄 친 漢字語의 音(음 : 소리)을 쓰세요. (1~32)

보기　　　漢字 → 한자

1　休日에 아이들과 함께 텃밭에 꽃과 채소를 심었습니다.　[　　]

2　이곳에서 15분쯤 걸어가면 이효석 生家가 나타납니다.　[　　]

3　좋은 음악은 우리 생활에 活力과 의욕을 줍니다.　[　　]

4　아버지는 가구 工場에서 근무하십니다.　[　　]

5　南海는 크고 작은 섬이 많아 다도해라 불립니다.　[　　]

6　밤空氣가 차니까 이만 안으로 들어가세요.　[　　]

7　가파른 계단을 오르니 탁 트인 平地가 눈앞에 펼쳐집니다.　[　　]

8　마을 入口에는 코스모스가 화사하게 피어 있었습니다.　[　　]

9　학생들은 모두 2번이 正答이라고 생각했습니다.　[　　]

10　그는 秋夕인데도 약국의 문을 열었습니다.　[　　]

11　立春이 지났지만 아직도 추위가 가시지 않고 있습니다.　[　　]

12　공연을 마친 歌手는 관중들의 박수에 고개 숙여 답례했습니다.　[　　]

13　메밀꽃이 피는 계절의 農村 풍경은 참 아름답습니다.　[　　]

14　동사무소에서는 洞民을 위해 무료 독서실을 운영합니다.　[　　]

15　山林을 보호하기 위하여 등산객들의 입산을 제한합니다.　[　　]

16　그녀는 下午 7시경에 서울을 떠났습니다.　[　　]

17　草食 동물들은 대체로 온순합니다.　[　　]

18　아이들은 열악한 敎育 환경 속에서도 열심히 공부합니다.　[　　]

19　국경일이어서 건물마다 國旗가 게양되어 있습니다.　[　　]

20　우리 회사의 급여는 電算으로 처리됩니다.　[　　]

21　선생님께서 내일은 아침 9시까지 登校하라고 하셨습니다.　[　　]

22　철수의 주장에 찬성한 사람은 少數에 불과했습니다.　[　　]

23　이곳 경주는 신라 千年 사직의 중심지입니다.　[　　]

24　중국의 부수상이 3일간의 방문 일정으로 來韓했습니다.　[　　]

25　이 지방의 주요 농산물은 밤과 木花입니다.　[　　]

26　이 보일러는 일정한 온도가 되면 自動으로 꺼집니다.　[　　]

27　학교와 집의 中間에서 그를 만나기로 하였습니다.　[　　]

28　우리 동네의 室內 수영장은 항상 만원입니다.　[　　]

29　水道꼭지가 잠겼는데도 물이 계속 흘러나옵니다.　[　　]

30 교실에 <u>主人</u> 없는 우산이 하나 있습니다.

[   ]

31 우리는 <u>每月</u> 첫째 주 토요일에 등산을 하기로 했습니다.

[   ]

32 어머니는 <u>不足</u>한 살림에도 두 아들을 대학까지 보냈습니다.

[   ]

02 다음 밑줄 친 **漢字語**를 〈보기〉에서 골라 그 번호를 쓰세요. (33~34)

보기	① 邑長 ② 植物 ③ 北東 ④ 所重

33 인간에게는 무엇보다도 공기와 물이 가장 <u>소중</u>합니다.

[   ]

34 그녀는 시골에서 컸기 때문인지 <u>식물</u>의 이름을 많이 압니다.

[   ]

03 다음 **漢字**의 訓(훈 : 뜻)과 音(음 : 소리)을 쓰세요. (35~54)

보기	字 → 글자 자

35 夏 [   ] **36** 全 [   ]

37 川 [   ] **38** 心 [   ]

39 命 [   ] **40** 同 [   ]

41 車 [   ] **42** 外 [   ]

43 前 [   ] **44** 住 [   ]

45 天 [   ] **46** 萬 [   ]

47 孝 [   ] **48** 江 [   ]

49 弟 [   ] **50** 時 [   ]

51 老 [   ] **52** 直 [   ]

53 話 [   ] **54** 夫 [   ]

04 다음 訓(훈 : 뜻)과 音(음 : 소리)에 맞는 **漢字**를 〈보기〉에서 골라 그 번호를 쓰세요. (55~64)

보기	① 里 ② 有 ③ 世 ④ 軍 ⑤ 後 ⑥ 王 ⑦ 冬 ⑧ 名 ⑨ 出 ⑩ 然

55 군사 군 [   ]

56 이름 명 [   ]

57 임금 왕 [   ]

58 날 출 [   ]

59 마을 리 [   ]

60 그럴 연 [   ]

61 있을 유 [   ]

62 겨울 동 [   ]

63 인간 세 [   ]

64 뒤 후 [   ]

05 다음 **漢字**의 상대(또는 반대)되는 **漢字**를 〈보기〉에서 골라 그 번호를 쓰세요. (65~66)

보기	① 左 ② 上 ③ 男 ④ 父

65 (   ) ↔ 右

66 (   ) ↔ 母

06 다음 뜻에 맞는 **漢字語**를 〈보기〉에서 찾아 그 번호를 쓰세요. (67~68)

보기	① 方面 ② 記事 ③ 先祖 ④ 白紙

67 종이에 아무것도 쓰지 않은 상태. [   ]

68 먼 윗대의 조상. [   ]

07 다음 漢字의 진하게 표시한 획은 몇 번째 쓰는지 〈보기〉
에서 찾아 그 번호를 쓰세요. (69~70)

보기		
① 첫 번째	② 두 번째	
③ 세 번째	④ 네 번째	
⑤ 다섯 번째	⑥ 여섯 번째	

69 市 [   ]

70 安 [   ]

01 다음 밑줄 친 漢字語의 음(음 : 소리)을 쓰세요. (1~32)

보기 漢字 → 한자

1 뜨개질한 <u>手工</u> 제품은 만든 사람의 정성이 느껴집니다. [   ]

2 금메달을 딴 그 선수는 알고 보니 재일교포 <u>二世</u>였습니다. [   ]

3 영희는 철수보다 세 살 <u>年上</u>입니다. [   ]

4 책의 표지가 떨어져 임시 <u>方便</u>으로 테이프를 붙였습니다. [   ]

5 낡아서 삐걱대는 나무 계단이 영 <u>不安</u>합니다. [   ]

6 우리 마을은 오래전부터 <u>木花</u>를 재배해 왔습니다. [   ]

7 경찰은 범인으로부터 이번 사건의 범행을 <u>自白</u> 받았습니다. [   ]

8 그는 <u>平民</u> 출신의 의병 지도자로 왜적들과 맞서 싸웠습니다. [   ]

9 이번 국제회의의 개최지는 서울이 가장 <u>有力</u>합니다. [   ]

10 적도 인근의 <u>海水</u> 온도는 거의 30도까지 올라갑니다. [   ]

11 마음씨 고운 아씨는 <u>下女</u>에게조차 함부로 대하지 않았습니다. [   ]

12 그곳은 <u>四面</u>이 산으로 둘러싸인 산골마을입니다. [   ]

13 활주로를 내달리던 비행기가 한순간 <u>空中</u>으로 날아올랐습니다. [   ]

14 개울에 가서 놀자고 <u>主動</u>한 사람은 바로 철수였습니다. [   ]

15 씨름 대회가 열리자 <u>八道</u>에서 힘센 장사들이 모여들었습니다. [   ]

16 전쟁을 일으킨 자들은 <u>千秋</u>에 오명을 남기게 될 것입니다. [   ]

17 신문에 우리 학교에 관한 기사가 <u>大門</u>짝만하게 났습니다. [   ]

18 학급 신문을 인쇄하기 전에 잘못된 곳을 <u>校正</u>했습니다. [   ]

19 두 분이 결혼하신 지는 <u>五十</u> 년이 넘었다고 합니다. [   ]

20 <u>午前</u> 내내 기다렸지만 그는 끝내 나타나지 않았습니다. [   ]

21 마을에 자가용이 없는 <u>家口</u>는 하나도 없습니다. [   ]

22 그는 공장을 세울 좋은 <u>立地</u>를 알아보러 다녔습니다. [   ]

23 주말에 아이들이 서당에서 전통 예절 <u>敎育</u>을 받았습니다. [   ]

24 기상청은 <u>來日</u> 비가 내릴 것이라고 예보했습니다. [   ]

25 아버지는 <u>每月</u> 한 번씩 할머니를 뵈러 시골에 다녀오십니다. [   ]

26 그가 떠난 <u>事後</u>의 소식은 듣지 못했습니다. [   ]

27 마녀의 마법에 걸린 <u>王子</u>가 그만 개구리로 변했습니다. [   ]

28 서울 <u>市長</u>은 문화 사업에 대한 관심이 특별했습니다. [   ]

29 그 영화에는 많은 여배우들이 <u>登場</u>합니다. [   ]

30 집에서 학교까지는 걸어서 30분 <u>內外</u>의 거리에 있습니다. [   ]

31 보건 당국은 전염병 예방에 <u>萬全</u>을 기했습니다.
[   ]

32 그는 성격이 좋아 예능 프로그램에서도 <u>人氣</u>가 좋습니다.
[   ]

02 다음 밑줄 친 漢字語를 〈보기〉에서 찾아 그 번호를 쓰세요. (33~34)

보기	① 生色 ② 左記 ③ 江南 ④ 農夫

33 봄이 오면 <u>농부</u>들은 밭을 갈고 씨를 뿌립니다.
[   ]

34 그는 남을 도와준 일에 대해 전혀 <u>생색</u>내지 않았습니다.
[   ]

03 다음 漢字의 訓(훈:뜻)과 音(음:소리)을 쓰세요. (35~54)

보기	字 → 글자 자

35 百 [   ]   36 食 [   ]
37 命 [   ]   38 里 [   ]
39 直 [   ]   40 右 [   ]
41 住 [   ]   42 冬 [   ]
43 然 [   ]   44 算 [   ]
45 出 [   ]   46 入 [   ]
47 數 [   ]   48 重 [   ]
49 春 [   ]   50 休 [   ]
51 旗 [   ]   52 植 [   ]
53 活 [   ]   54 洞 [   ]

04 다음 訓(훈:뜻)과 音(음:소리)에 맞는 漢字를 〈보기〉에서 골라 그 번호를 쓰세요. (55~64)

보기	① 紙 ② 足 ③ 夕 ④ 川 ⑤ 歌 ⑥ 祖 ⑦ 文 ⑧ 夏 ⑨ 草 ⑩ 村

55 내 천 [   ]   56 발 족 [   ]
57 종이 지 [   ]   58 글월 문 [   ]
59 할아비 조 [   ]   60 마을 촌 [   ]
61 저녁 석 [   ]   62 여름 하 [   ]
63 풀 초 [   ]   64 노래 가 [   ]

05 다음 漢字의 상대(또는 반대)되는 漢字를 〈보기〉에서 골라 그 번호를 쓰세요. (65~66)

보기	① 邑 ② 心 ③ 老 ④ 天

65 (   ) ↔ 少   66 物 ↔ (   )

06 다음 뜻에 맞는 漢字語를 〈보기〉에서 찾아 그 번호를 쓰세요. (67~68)

보기	① 電話 ② 學名 ③ 林間 ④ 同時

67 같은 때나 시기.
[   ]
68 수풀 사이.
[   ]

07 다음 漢字의 진하게 표시한 획은 몇 번째 쓰는지 〈보기〉에서 찾아 그 번호를 쓰세요. (69~70)

보기	① 첫 번째 ② 두 번째 ③ 세 번째 ④ 네 번째 ⑤ 다섯 번째 ⑥ 여섯 번째 ⑦ 일곱 번째 ⑧ 여덟 번째

69 所
[   ]

70 車
[   ]

한자능력검정시험 7급 기출문제 정답

【제104회】기출문제(59~61p)

1 가수	2 간식	3 공백	4 국토
5 기색	6 내년	7 문답	8 입동
9 등산	10 농림	11 만물	12 매사
13 동력	14 명중	15 천자문	16 방면
17 북상	18 사촌	19 생장	20 칠석
21 소녀	22 식목일	23 안심	24 천연
25 왕도	26 월출	27 정문	28 부족
29 주인	30 주민	31 춘추	32 화초
33 ①	34 ②	35 낮 오	36 성 성
37 인간 세	38 이름 명	39 한가지 동	40 집 가
41 저자 시	42 마을 리	43 무거울 중	44 남녘 남
45 먼저 선	46 강 강	47 큰 대	48 지아비 부
49 군사 군	50 여름 하	51 고을 읍	52 장인 공
53 늙을 로	54 기를 육	55 ⑩	56 ⑤
57 ⑥	58 ①	59 ⑨	60 ⑧
61 ②	62 ⑦	63 ④	64 ③
65 ①	66 ③	67 ①	68 ④
69 ④	70 ④		

【제106회】기출문제(65p~67p)

1 입실	2 전심	3 시장	4 군기
5 목공	6 매년	7 생명	8 활동
9 출국	10 자연	11 자제	12 문학
13 천만	14 소중	15 조상	16 소식
17 부족	18 장남	19 정오	20 강북
21 휴일	22 농부	23 초가	24 전기
25 도립	26 오색	27 편지	28 동시
29 가수	30 백성	31 전후	32 동구
33 ④	34 ①	35 모 방	36 효도 효
37 꽃 화	38 이름 명	39 가르칠 교	40 학교 교
41 말씀 화	42 있을 유	43 오를/오른(쪽) 우	44 셈 산
45 백성 민	46 마디 촌	47 안 내	48 여름 하
49 겨울 동	50 평평할 평	51 아래 하	52 왼 좌
53 사이 간	54 빌 공	55 ④	56 ⑨
57 ⑤	58 ⑩	59 ③	60 ⑧
61 ②	62 ⑥	63 ①	64 ⑦
65 ③	66 ②	67 ②	68 ③
69 ⑨	70 ⑥		

【제105회】기출문제(62p~64p)

1 하오	2 삼중	3 전자	4 불편
5 춘추	6 산수	7 백성	8 칠석
9 노모	10 생색	11 교육	12 사전
13 출토	14 기력	15 휴학	16 백지
17 주인	18 정립	19 읍장	20 시장
21 외면	22 국화	23 가구	24 민촌
25 군가	26 내일	27 식목	28 산림
29 명중	30 수기	31 입주	32 유명
33 ② 天然	34 ④ 祖上	35 편안 안	36 살 활
37 적을 소	38 강 강	39 바다 해	40 대답 답
41 안 내	42 여름 하	43 효도 효	44 밥/먹을 식
45 장인 공	46 지아비 부	47 겨울 동	48 글월 문
49 말씀 화	50 길 도	51 왼 좌	52 모 방
53 일천 천	54 평평할 평	55 ① 登	56 ⑤ 所
57 ⑦ 草	58 ⑥ 里	59 ② 同	60 ⑩ 川
61 ⑨ 每	62 ④ 記	63 ③ 足	64 ⑧ 全
65 ① 物	66 ④ 後	67 ② 動地	68 ④ 空洞
69 ②	70 ⑤		

【제107회】기출문제(68p~70p)

1 오만	2 전화	3 장소	4 백색
5 활력	6 삼중	7 남동	8 촌수
9 농사	10 수군	11 수기	12 세상
13 실외	14 일가	15 오후	16 매년
17 교장	18 한국	19 천추	20 칠월
21 자연	22 화산	23 주인	24 팔십
25 중간	26 서해	27 휴학	28 여왕
29 천하	30 백방	31 차편	32 시민
33 ④	34 ①	35 골동 | 밝을통	36 노래 가
37 글월 문	38 목숨 명	39 마을 리	40 따 지
41 지아비 부	42 오를 등	43 저녁 석	44 내 천
45 심을 식	46 봄 춘	47 올 래	48 이름 명
49 고을 읍	50 입 구	51 때 시	52 장인 공
53 빌 공	54 풀 초	55 ⑦	56 ⑥
57 ①	58 ⑤	59 ③	60 ②
61 ⑩	62 ⑨	63 ④	64 ⑧
65 ①	66 ③	67 ③	68 ②
69 ⑤	70 ⑥		

【제108회】 기출문제(71~72p)

1 동리	2 문물	3 명명	4 지방
5 농부	6 등산	7 석식	8 식목
9 춘천	10 외국	11 읍내	12 인구
13 교시	14 공장	15 화초	16 소년
17 지면	18 유력	19 주소	20 조상
21 동문	22 전기	23 활동	24 이중
25 중간	26 오전	27 왕실	28 백색
29 수화	30 자립	31 노후	32 좌우
33 ④	34 ①	35 발 족	36 북녘 북
37 동녘 동	38 길 도	39 가을 추	40 바다 해
41 매양 매	42 수풀 림	43 기 기	44 그릴 연
45 먼저 선	46 집 가	47 하늘 천	48 온전 전
49 겨울 동	50 맏/형 형	51 불 화	52 저자 시
53 여섯 륙	54 마디 촌	55 ⑧	56 ③
57 ⑩	58 ⑤	59 ⑦	60 ④
61 ①	62 ②	63 ⑥	64 ⑨
65 ③	66 ①	67 ②	68 ④
69 ⑧	70 ⑥		

【제110회】 기출문제(76~78p)

1 휴일	2 생가	3 활력	4 공장
5 남해	6 공기	7 평지	8 입구
9 정답	10 추석	11 입춘	12 가수
13 농촌	14 동민	15 산림	16 하오
17 초식	18 교육	19 국기	20 전산
21 등교	22 소수	23 천년	24 내한
25 목화	26 자동	27 중간	28 실내
29 수도	30 주인	31 매월	32 부족
33 ④	34 ②	35 여름 하	36 온전 전
37 내 천	38 마음 심	39 목숨 명	40 한가지 동
41 수레차/수레거	42 바깥 외	43 앞 전	44 살 주
45 하늘 천	46 일만 만	47 효도 효	48 강 강
49 아우 제	50 때 시	51 늙을 로	52 곧을 직
53 말씀 화	54 지아비 부	55 ④	56 ⑧
57 ⑥	58 ⑨	59 ①	60 ⑩
61 ②	62 ⑦	63 ③	64 ⑤
65 ④	66 ④	67 ④	68 ③
69 ⑤	70 ⑤		

【제109회】 기출문제(73~75p)

1 시간	2 읍내	3 소유	4 대군
5 선조	6 입문	7 식목	8 주민
9 매일	10 출장	11 정색	12 연로
13 자연	14 생명	15 입동	16 화기
17 농부	18 좌우	19 백지	20 칠팔
21 천하	22 남자	23 삼십	24 일동
25 오만	26 산천	27 이장	28 백화
29 세상	30 인사	31 북동	32 형제
33 ④ 方面	34 ② 不便	35 편안 안	36 집 가
37 곧을 직	38 쉴 휴	39 입 구	40 빌 공
41 노래 가	42 가을 추	43 봄 춘	44 저자 시
45 장인 공	46 평평할 평	47 살 활	48 낮 오
49 수풀 림	50 마을 촌	51 밥/먹을 식	52 바다 해
53 대답 답	54 골동ㅣ밝을통	55 ⑨ 千	56 ② 旗
57 ⑤ 登	58 ⑥ 草	59 ⑧ 數	60 ④ 算
61 ① 育	62 ⑩ 來	63 ⑦ 重	64 ③ 夏
65 ② 物	66 ③ 足	67 ② 名文	68 ① 地主
69 ③	70 ①		

【제111회】 기출문제(79~80p)

1 수공	2 이세	3 연상	4 방편
5 불안	6 목화	7 자백	8 평민
9 유력	10 해수	11 하녀	12 사면
13 공중	14 주동	15 팔도	16 천추
17 대문	18 교정	19 오십	20 오전
21 가구	22 입지	23 교육	24 내일
25 매월	26 사후	27 왕자	28 시장
29 등장	30 내외	31 만전	32 인기
33 ④	34 ①	35 일백 백	36 밥/먹을 식
37 목숨 명	38 마을 리	39 곧을 직	40 오른/오른쪽우
41 살 주	42 겨울 동	43 그릴 연	44 셈 산
45 날 출	46 들 입	47 셈 수	48 무거울 중
49 봄 춘	50 쉴 휴	51 기 기	52 심을 식
53 살 활	54 골동ㅣ밝을통	55 ④	56 ②
57 ①	58 ⑦	59 ⑥	60 ⑩
61 ③	62 ⑧	63 ⑨	64 ⑤
65 ②	66 ②	67 ④	68 ③
69 ⑦	70 ⑦		

한자능력검정시험

7급 배정한자 (100자 쓰기)

→ 배정한자 100자를 반복하여 쓰면서 자연스럽게 익힐 수 있도록
하였습니다.

배정한자 쓰기

한자음 뒤에 나오는 " : "는 장음 표시입니다. "(:)"는 장단음 모두 사용되는 한자이며, " : "나 "(:)"이 없는 한자는 단음으로만 쓰입니다.

7급 Ⅱ

丶丶冫汁汁汁汁汁汁漢漢漢漢漢

漢

한수/한나라 **한:**

부수 : 水(물 수)
획수 : 총 14획

漢	漢	漢	漢	漢	漢	漢	漢

7급

丶丷宀宀字字

字

글자 **자**

부수 : 子(아들 자)
획수 : 총 6획

字	字	字	字	字	字	字	字

7급

丿亻亻伒伒[illegible]便便

便

편할 **편(:)**

부수 : 人(사람 인)
획수 : 총 9획

便	便	便	便	便	便	便	便

7급

丶乞幺乡糸糸糽紅紙紙

紙

종이 **지**

부수 : 糸(실 사)
획수 : 총 10획

紙	紙	紙	紙	紙	紙	紙	紙

● 배정한자를 활용해 단어를 써보세요.

漢 字	漢 字			
한수/한나라한: 글자 자	한수/한나라한: 글자 자			
便 紙	便 紙			
편할 편(:) 종이 지	편할 편(:) 종이 지			

7급 語

\` 亠 亠 言 言 言 言 言 訂 語 語 語 語

말씀 어:

부수 : 言(말씀 언)
획수 : 총 14획

7급 文

\` 亠 亠 文

글월 문

부수 : 文(글월 문)
획수 : 총 4획

7급 算

丿 𠂉 𠂉 𠂉 竹 竹 竹 竹 筲 筲 筲 筲 算 算

셈 산:

부수 : 竹(대(나무)죽)
획수 : 총 14획

7급 數

\` 口 吅 吅 吅 吕 吕 婁 婁 婁 婁 婁 數 數 數

셈 수:

부수 : 攵(등글월 문)
획수 : 총 15획

● 배정한자를 활용해 단어를 써보세요.

語 文	語 文		
말씀 어: 글월 문	말씀 어: 글월 문		
算 數	算 數		
셈 산: 셈 수:	셈 산: 셈 수:		

時

7급 Ⅱ

丨 冂 冃 日 日- 日+ 旷 昤 時 時

時 時 時 時 時 時 時 時

때 시

부수 : 日(날 일)
획수 : 총 10획

間

7급 Ⅱ

丨 冂 冃 冂 冂 門 門 門 門 門 間 間

間 間 間 間 間 間 間 間

사이 간(:)

부수 : 門(문 문)
획수 : 총 12획

前

7급 Ⅱ

丶 丷 丷 广 芾 芾 肖 前 前

前 前 前 前 前 前 前 前

앞 전

부수 : 刀(칼 도)
획수 : 총 9획

後

7급 Ⅱ

丿 夕 彳 彳 彳 徉 移 移 後

後 後 後 後 後 後 後 後

뒤 후:

부수 : 彳(두인 변)
획수 : 총 9획

● 배정한자를 활용해 단어를 써보세요.

時	間	時	間			
때 시	사이 간(:)	때 시	사이 간(:)			
前	後	前	後			
앞 전	뒤 후:	앞 전	뒤 후:			

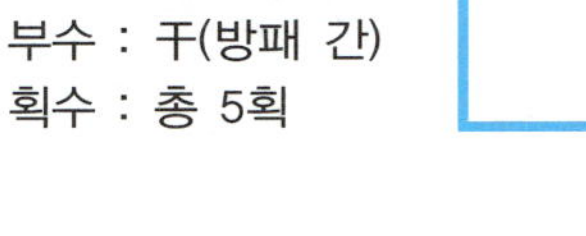

배정한자(配定漢字) 쓰기

7급 Ⅱ

一 ナ 左 左 左

左 왼 좌:	左	左	左	左	左	左	左	左

부수 : 工(장인 공)
획수 : 총 5획

7급 Ⅱ

ノ ナ 𠂇 右 右

右 오를/오른(쪽) 우:	右	右	右	右	右	右	右	右

부수 : 口(입 구)
획수 : 총 5획

7급 Ⅱ

一 ㇀ 𠀎 𢀖 平

平 평평할 평	平	平	平	平	平	平	平	平

부수 : 干(방패 간)
획수 : 총 5획

7급

一 十 土 㘰 𡊅 地

地 따 지	地	地	地	地	地	地	地	地

부수 : 土(흙 토)
획수 : 총 6획

● 배정한자를 활용해 단어를 써보세요.

左 왼 좌:	右 오를/오른(쪽) 우:	左 왼 좌:	右 오를/오른(쪽) 우:						
平 평평할 평	地 따 지	平 평평할 평	地 따 지						

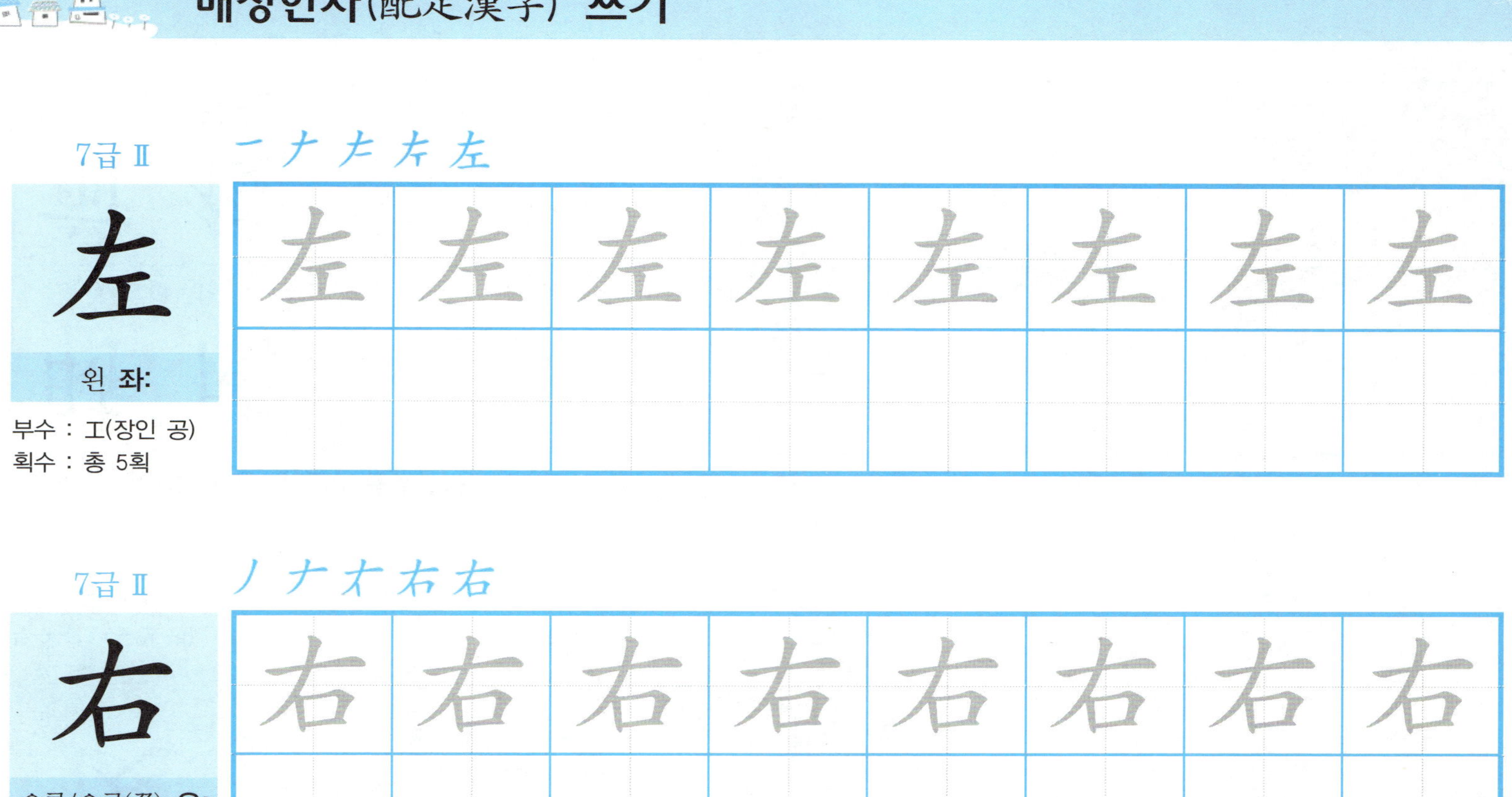

7급 Ⅱ

安

편안 안

부수 : 宀(갓머리)
획수 : 총 6획

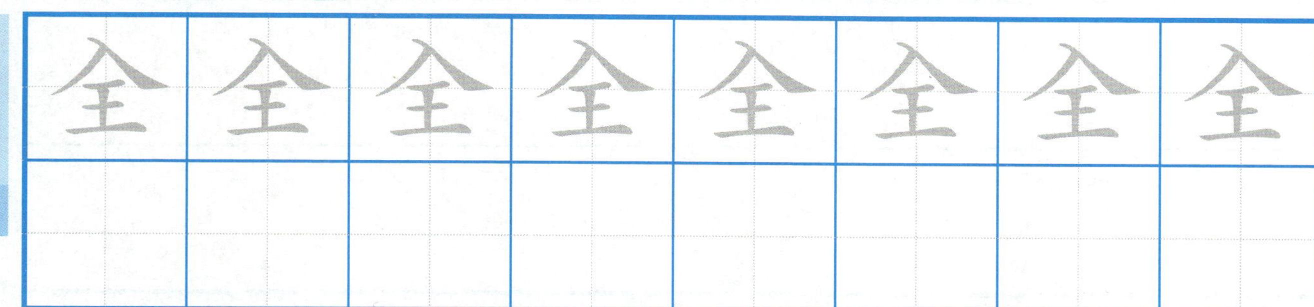

7급 Ⅱ

全

온전 전

부수 : 入(들 입)
획수 : 총 6획

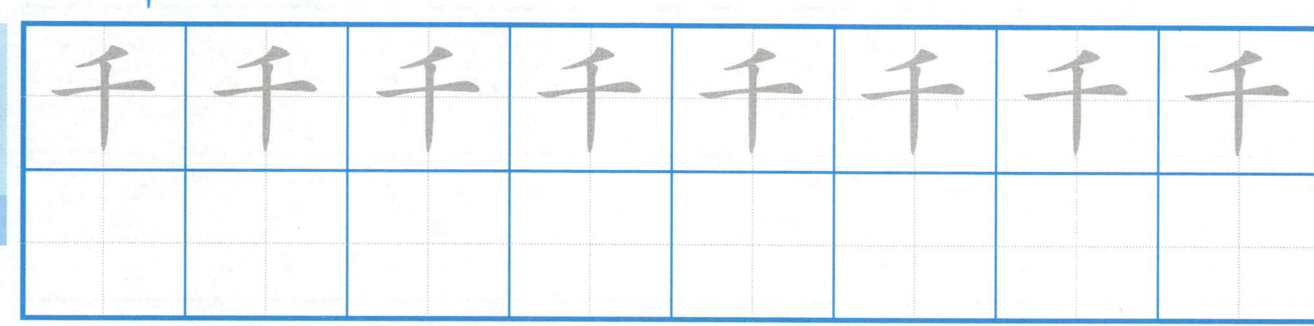

7급

千

일천 천

부수 : 十(열 십)
획수 : 총 3획

7급 Ⅱ

工

장인 공

부수 : 工(장인 공)
획수 : 총 3획

● 배정한자를 활용해 단어를 써보세요.

安	全	安	全			
편안 안	온전 전	편안 안	온전 전			
千	工	千	工			
일천 천	장인 공	일천 천	장인 공			

배정한자(配定漢字) 쓰기

7급 Ⅱ 正

一 丁 干 正 正

바를 정(:)

부수 : 止(그칠 지)
획수 : 총 5획

7급 Ⅱ 午

丿 ヶ 乍 午

낮 오:

부수 : 十(열 십)
획수 : 총 4획

7급 Ⅱ 活

丶 冫 氵 氵 汗 汗 汗 活 活

살 활

부수 : 水(물 수)
획수 : 총 9획

7급 Ⅱ 力

フ 力

힘 력

부수 : 力(힘 력)
획수 : 총 2획

● 배정한자를 활용해 단어를 써보세요.

正 午	正 午		
바를 정(:) 낮 오:	바를 정(:) 낮 오:		
活 力	活 力		
살 활 힘 력	살 활 힘 력		

7급

所

바 소:

부수 : 戶(지게 호)
획수 : 총 8획

` ` ` 戶 戶 所 所 所

所 所 所 所 所 所 所 所

7급

有

있을 유:

부수 : 月(달 월)
획수 : 총 6획

ノ ナ ナ 冇 有 有

有 有 有 有 有 有 有 有

7급 Ⅱ

記

기록할 기

부수 : 言(말씀 언)
획수 : 총 10획

` ` ` 言 言 言 言 記 記 記

記 記 記 記 記 記 記 記

7급 Ⅱ

事

일 사:

부수 : 亅(갈고리 궐)
획수 : 총 8획

一 一 一 一 亘 写 写 写 事

事 事 事 事 事 事 事 事

● 배정한자를 활용해 단어를 써보세요.

所	有	所	有				
바 소:	있을 유:	바 소:	있을 유:				
記	事	記	事				
기록할 기	일 사:	기록할 기	일 사:				

배정한자(配定漢字) 쓰기

7급 Ⅱ

一 𠂆 冂 戸 百 亘 車

車	車	車	車	車	車	車	車	車
수레 거(차)								

부수 : 車(수레 거)
획수 : 총 7획

7급

フ ヲ ヺ ヺ' 癶 癶 癶 登 登 登 登 登

登	登	登	登	登	登	登	登	登
오를 등								

부수 : 癶(필 발)
획수 : 총 12획

7급 Ⅱ

一 丅 下

下	下	下	下	下	下	下	下	下
아래 하:								

부수 : 一(한 일)
획수 : 총 3획

7급 Ⅱ

一 ア 不 不

不	不	不	不	不	不	不	不	不
아닐 불								

부수 : 一(한 일)
획수 : 총 4획

● 배정한자를 활용해 단어를 써보세요.

車	登	車	登						
수레 거(차)	오를 등	수레 거(차)	오를 등						
下	不	下	不						
아래 하:	아닐 불	아래 하:	아닐 불						

7급

旗
기 기

부수 : 方(모 방)
획수 : 총 14획

丶 亠 ナ 方 方 扩 扩 斿 斿 旃 旃 旗 旗 旗

旗	旗	旗	旗	旗	旗	旗	旗

7급

歌
노래 가

부수 : 欠(하품 흠)
획수 : 총 14획

一 丁 〒 哥 可 可 哥 哥 哥 哥 哥 歌 歌 歌

歌	歌	歌	歌	歌	歌	歌	歌

7급 Ⅱ

孝
효도 효:

부수 : 子(아들 자)
획수 : 총 7획

一 十 土 耂 耂 孝 孝

孝	孝	孝	孝	孝	孝	孝	孝

7급 Ⅱ

子
아들 자

부수 : 子(아들 자)
획수 : 총 3획

乛 了 子

子	子	子	子	子	子	子	子

● 배정한자를 활용해 단어를 써보세요.

旗 歌	旗 歌		
기 기 / 노래 가	기 기 / 노래 가		
孝 子	孝 子		
효도 효: / 아들 자	효도 효: / 아들 자		

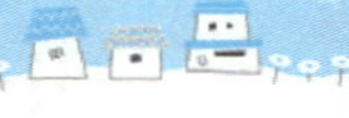

배정한자(配定漢字) 쓰기

7급

祖 할아비 조

부수 : 示(보일 시)
획수 : 총 10획

丶 二 亍 亓 示 礻 礽 礿 祖 祖

祖	祖	祖	祖	祖	祖	祖	祖

7급 Ⅱ

上 윗 상:

부수 : 一(한 일)
획수 : 총 3획

丨 ⺊ 上

上	上	上	上	上	上	上	上

7급 Ⅱ

家 집 가

부수 : 宀(갓머리)
획수 : 총 10획

丶 丷 宀 宀 宇 宇 家 家 家 家

家	家	家	家	家	家	家	家

7급

主 임금/주인 주

부수 : 丶(점 주)
획수 : 총 5획

丶 亠 亠 主 主

主	主	主	主	主	主	主	主

● 배정한자를 활용해 단어를 써보세요.

祖	上	祖	上						
할아비 조	윗 상:	할아비 조	윗 상:						
家	主	家	主						
집 가	임금/주인 주	집 가	임금/주인 주						

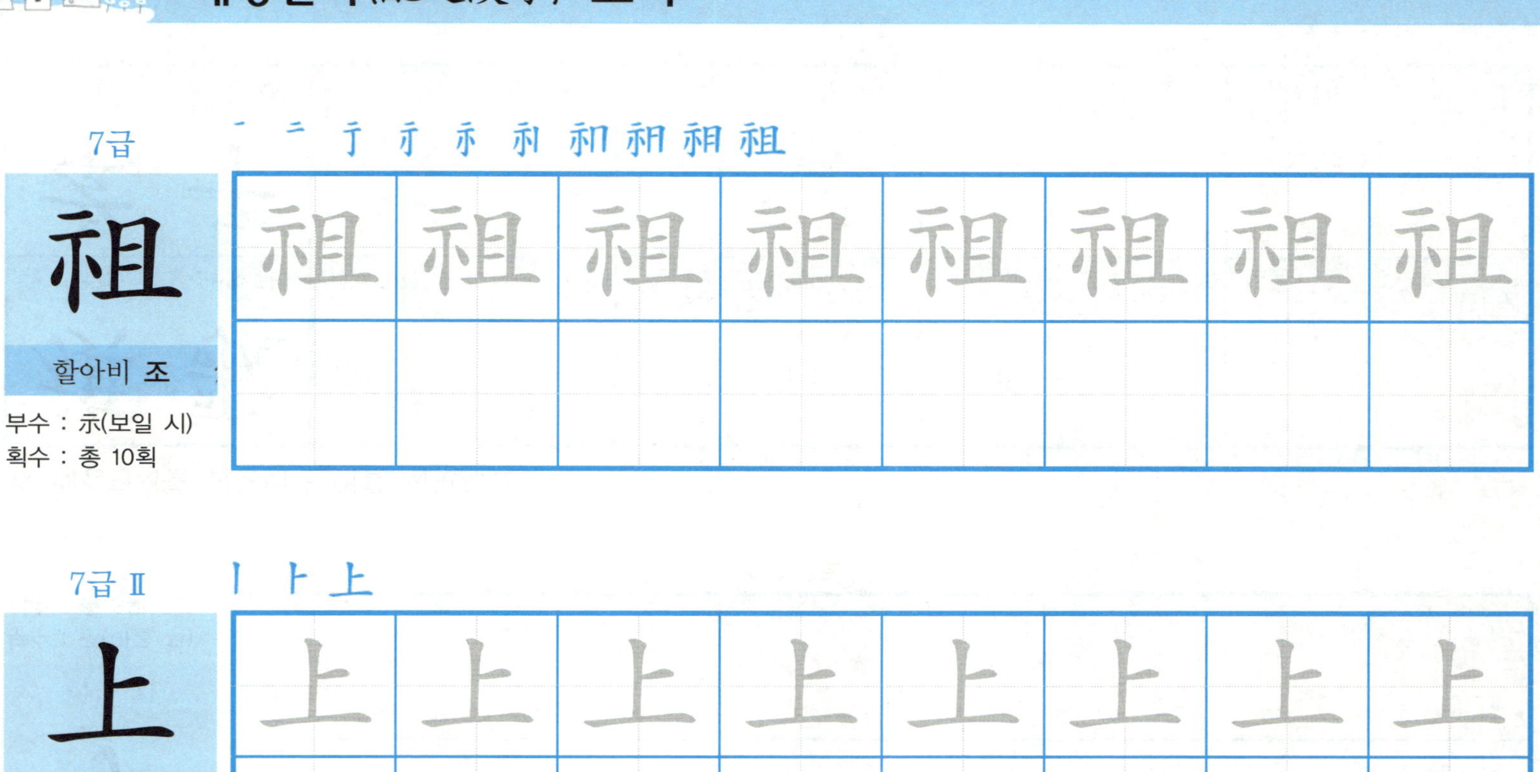

7급Ⅱ

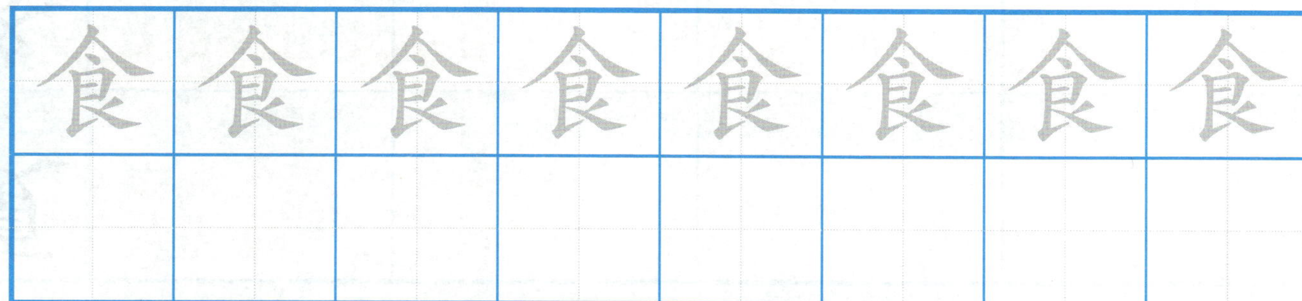

食

밥/먹을 식

부수 : 食(밥 식)
획수 : 총 9획

7급

口

입 구(:)

부수 : 口(입 구)
획수 : 총 3획

7급

少

적을 소:

부수 : 小(작을 소)
획수 : 총 4획

7급Ⅱ

男

사내 남

부수 : 田(밭 전)
획수 : 총 7획

● 배정한자를 활용해 단어를 써보세요.

食	口	食	口				
밥/먹을 식	입 구(:)	밥/먹을 식	입 구(:)				
少	男	少	男				
적을 소:	사내 남	적을 소:	사내 남				

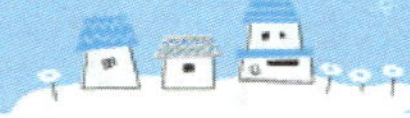

배정한자(配定漢字) 쓰기

7급

春 봄 춘

부수 : 日(날 일)
획수 : 총 9획

一 二 三 夫 夫 夫 春 春 春

春	春	春	春	春	春	春	春

7급

夏 여름 하:

부수 : 夊(천천히 걸을 쇠)
획수 : 총 10획

一 丆 丆 丙 丙 百 百 頁 夏 夏

夏	夏	夏	夏	夏	夏	夏	夏

7급

秋 가을 추

부수 : 禾(벼 화)
획수 : 총 9획

一 二 千 千 禾 禾 禾 秒 秋

秋	秋	秋	秋	秋	秋	秋	秋

7급

冬 겨울 동(:)

부수 : 冫(이수변)
획수 : 총 5획

丿 ク 夂 冬 冬

冬	冬	冬	冬	冬	冬	冬	冬

● 배정한자를 활용해 단어를 써보세요.

春	夏	春	夏						
봄 춘	여름 하:	봄 춘	여름 하:						
秋	冬	秋	冬						
가을 추	겨울 동(:)	가을 추	겨울 동(:)						

7급

育
기를 육

`丶 亠 亠 产 产 育 育 育`

育 育 育 育 育 育 育 育

부수 : 肉(고기 육)
획수 : 총 8획

7급

林
수풀 림

`一 十 才 木 木 村 材 林`

林 林 林 林 林 林 林 林

부수 : 木(나무 목)
획수 : 총 8획

7급
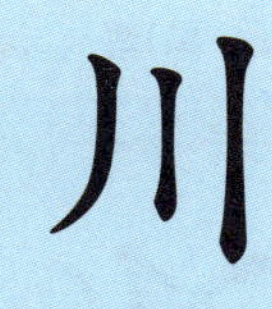

川
내 천

`丿 丿 川`

川 川 川 川 川 川 川 川

부수 : 川(내 천)
획수 : 총 3획

7급 Ⅱ
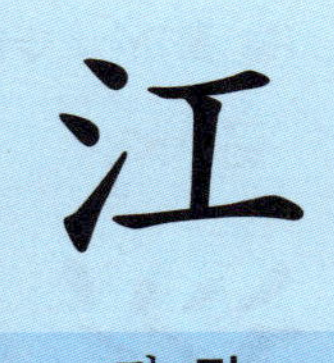

江
강 강

`丶 丶 氵 汀 江 江`

江 江 江 江 江 江 江 江

부수 : 水(물 수)
획수 : 총 6획

● 배정한자를 활용해 단어를 써보세요.

育	林	育	林		
기를 육	수풀 림	기를 육	수풀 림		
川	江	川	江		
내 천	강 강	내 천	강 강		

7급 Ⅱ

海 — 바다 해:
부수 : 水(물 수)
획수 : 총 10획

`、 丶 氵 汐 泸 泝 海 海 海 海`

7급

然 — 그럴 연
부수 : 火(불 화)
획수 : 총 12획

`丿 ク タ タ 夕 夘 妖 狱 狱 然 然 然`

7급 Ⅱ

農 — 농사 농
부수 : 辰(별 진)
획수 : 총 13획

`丶 口 曰 由 曲 曲 曲 芦 芦 芦 農 農 農`

7급

夫 — 지아비 부
부수 : 大(큰 대)
획수 : 총 4획

`一 二 尹 夫`

● 배정한자를 활용해 단어를 써보세요.

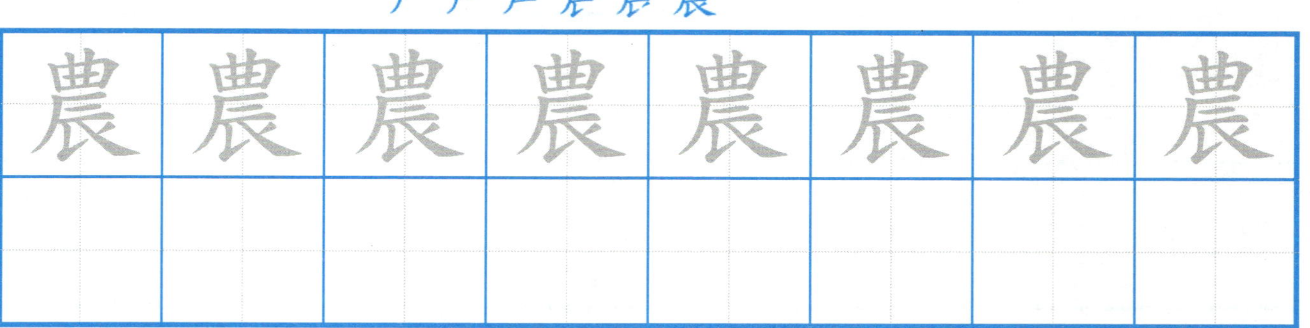
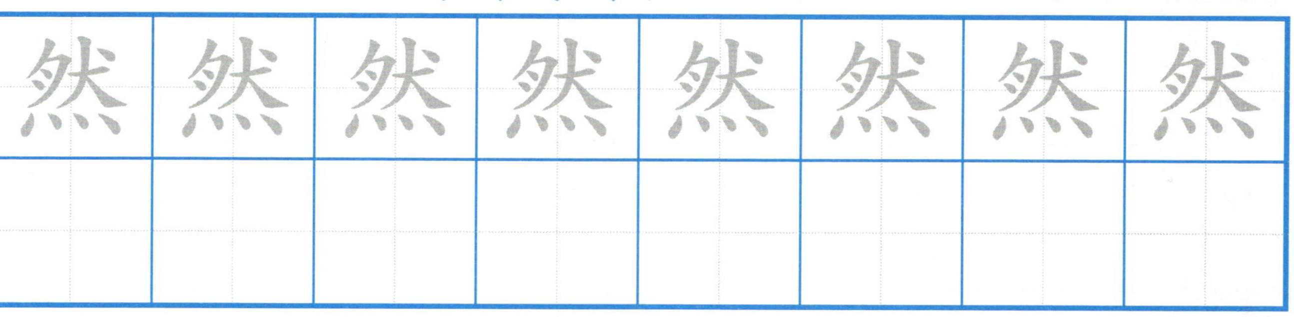
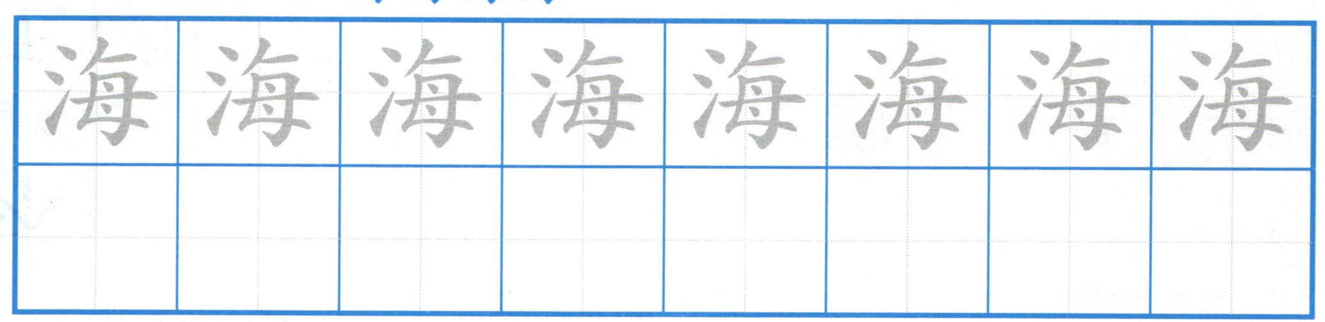

海	然	海	然				
바다 해:	그럴 연	바다 해:	그럴 연				
農	夫	農	夫				
농사 농	지아비 부	농사 농	지아비 부				

7급	一 十 才 木 木 村 村
 村 마을 촌: 부수 : 木(나무 목) 획수 : 총 7획	村 村 村 村 村 村 村 村

7급	一 十 土 少 老 老
 老 늙을 로: 부수 : 老(늙을 로) 획수 : 총 6획	老 老 老 老 老 老 老 老

7급	丨 口 口 吕 吊 吊 邑
 邑 고을 읍 부수 : 邑(고을 읍) 획수 : 총 7획	邑 邑 邑 邑 邑 邑 邑 邑

7급	一 ア 丙 而 面 面 面 面
 面 낯 면: 부수 : 面(낯 면) 획수 : 총 9획	面 面 面 面 面 面 面 面

● 배정한자를 활용해 단어를 써보세요.

村 마을 촌:	老 늙을 로:	村 老 마을 촌: 늙을 로:			
邑 고을 읍	面 낯 면:	邑 面 고을 읍 낯 면:			

7급 洞

丶 丶 氵 氵 汩 汩 洞 洞 洞

골 동:/밝을 통:

부수 : 水(물 수)
획수 : 총 9획

7급 里

丨 口 日 日 旦 甲 里

마을 리:

부수 : 里(마을 리)
획수 : 총 7획

7급 II 道

丶 丷 丷 艹 产 芦 芦 首 首 首 渞 道 道

길 도:

부수 : 辶(책받침)
획수 : 총 13획

7급 II 內

丨 冂 冋 內

안 내:

부수 : 入(들 입)
획수 : 총 4획

● 배정한자를 활용해 단어를 써보세요.

洞 里	洞 里				
골동:/밝을통: 마을 리:	골동:/밝을통: 마을 리:				
道 內	道 內				
길 도: 안 내:	길 도: 안 내:				

7급

花
꽃 화

一 十 十 艹 艹 花 花 花

花	花	花	花	花	花	花	花

부수 : 艹(초 두)
획수 : 총 8획

7급

草
풀 초

一 十 十 艹 艹 苧 苩 草 草 草

草	草	草	草	草	草	草	草

부수 : 艹(초 두)
획수 : 총 10획

7급

天
하늘 천

一 二 チ 天

天	天	天	天	天	天	天	天

부수 : 大(큰 대)
획수 : 총 4획

7급

心
마음 심

丶 心 心 心

心	心	心	心	心	心	心	心

부수 : 心(마음 심)
획수 : 총 4획

● 배정한자를 활용해 단어를 써보세요.

花	草	花	草			
꽃 화	풀 초	꽃 화	풀 초			
天	心	天	心			
하늘 천	마음 심	하늘 천	마음 심			

7급 　一 厂 厂 厂 來 來 來
來
올 래(:)
부수 : 人(사람 인)
획수 : 총 8획

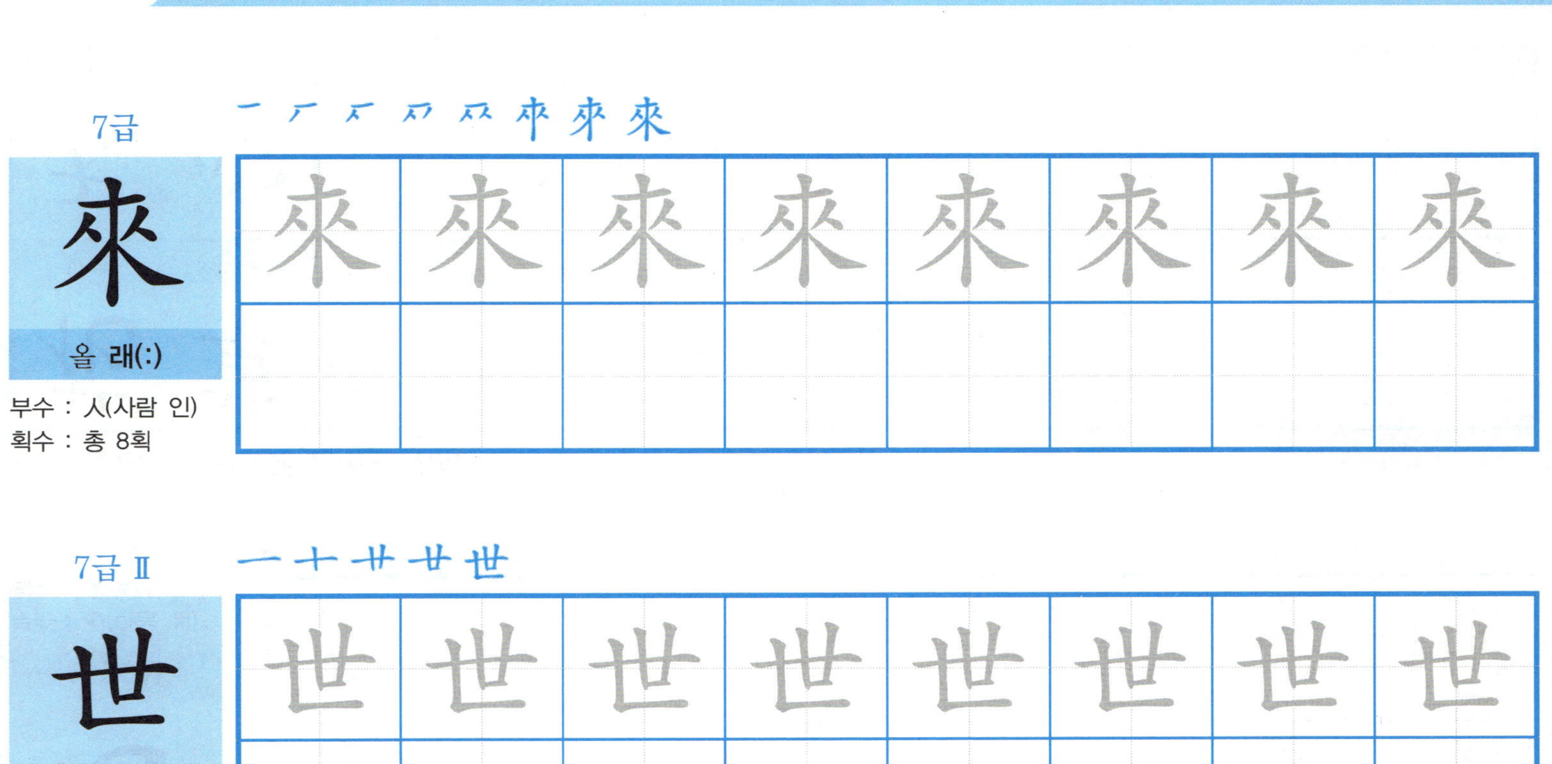

7급 Ⅱ　一 十 卅 卅 世
世
인간 세:
부수 : 一(한 일)
획수 : 총 5획

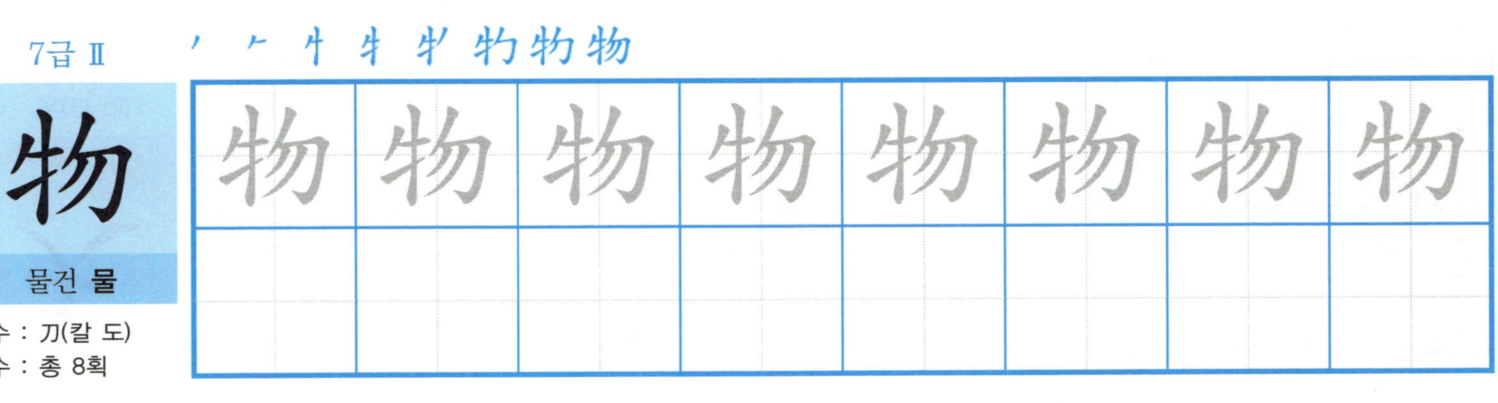

7급 Ⅱ　丿 丶 牜 牛 牜 牥 物 物
物
물건 물
부수 : 刀(칼 도)
획수 : 총 8획

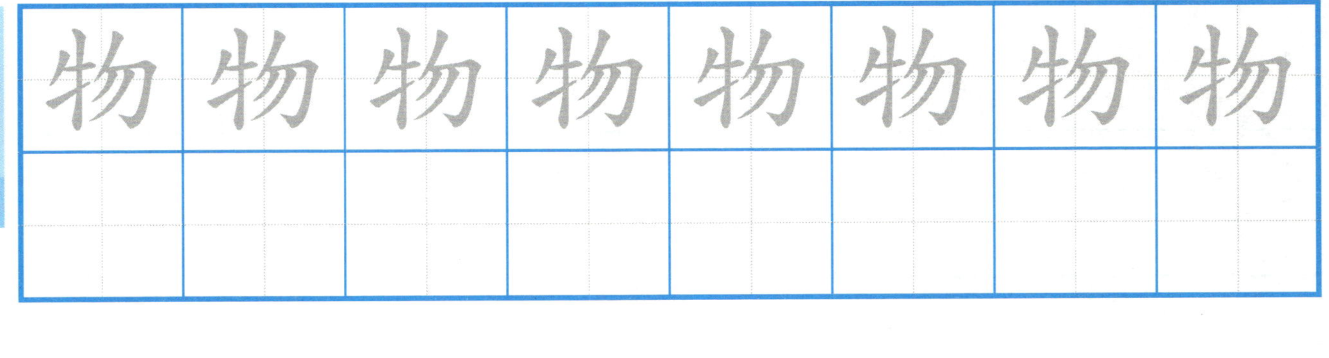

7급　丿 勹 夕 夘 负 色
色
빛 색
부수 : 色(빛 색)
획수 : 총 6획

● 배정한자를 활용해 단어를 써보세요.

來 世	來 世				
올 래(:) 인간 세:	올 래(:) 인간 세:				
物 色	物 色				
물건 물 빛 색	물건 물 빛 색				

7급

百

一 ㄱ ㄱ 万 百 百

일백 **백**

부수 : 白(흰 백)
획수 : 총 6획

百 百 百 百 百 百 百 百

7급 Ⅱ

方

丶 二 方 方

모 **방**

부수 : 方(모 방)
획수 : 총 4획

方 方 方 方 方 方 方 方

7급 Ⅱ

空

丶 丷 宀 宀 灾 灾 空 空

빌 **공**

부수 : 穴(구멍 혈)
획수 : 총 8획

空 空 空 空 空 空 空 空

7급

休

丿 亻 亻 仁 什 休 休

쉴 **휴**

부수 : 人(사람 인)
획수 : 총 6획

休 休 休 休 休 休 休 休

● 배정한자를 활용해 단어를 써보세요.

百	方	百	方				
일백 **백**	모 **방**	일백 **백**	모 **방**				
空	休	空	休				
빌 **공**	쉴 **휴**	빌 **공**	쉴 **휴**				

배정한자(配定漢字) 쓰기

7급 II

每 매양 매(:)

부수 : 母(말 무)
획수 : 총 7획

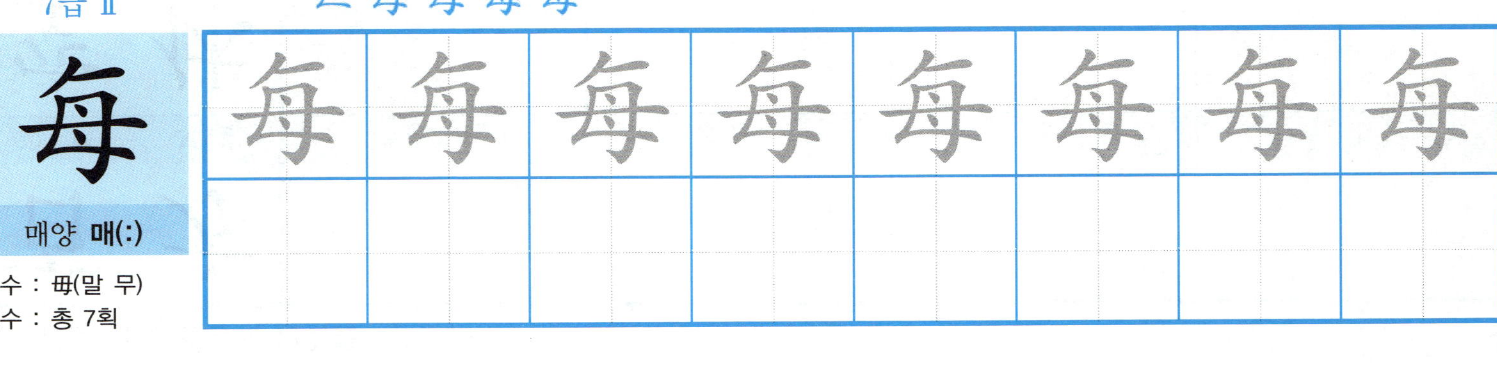

7급

重 무거울 중:

부수 : 里(마을 리)
획수 : 총 9획

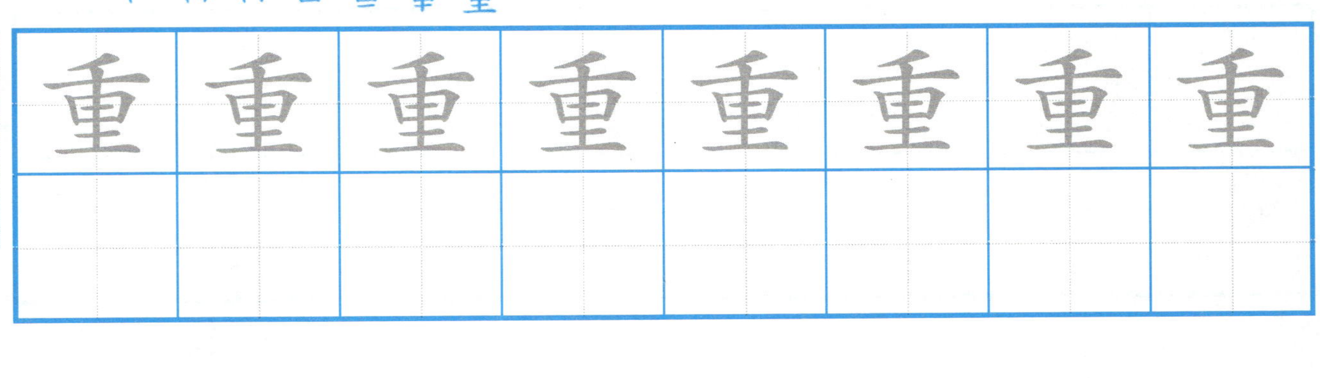

7급 II

直 곧을 직

부수 : 目(눈 목)
획수 : 총 8획

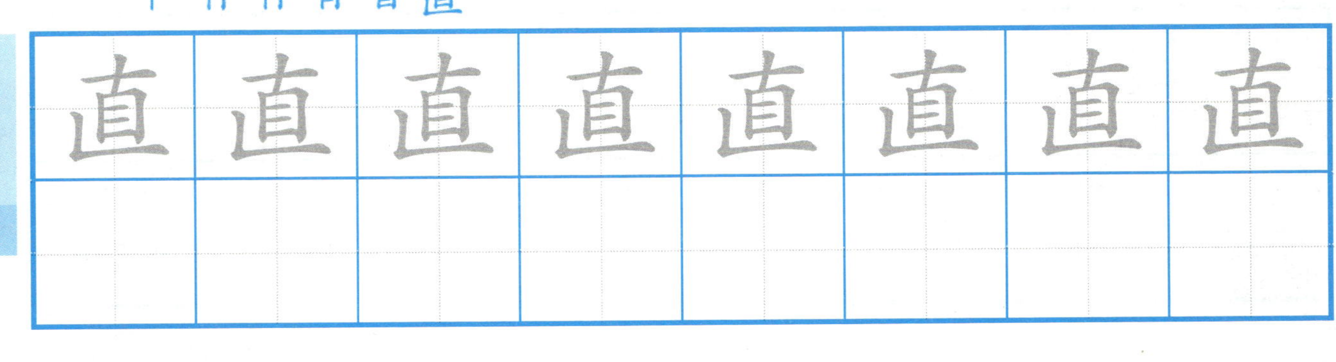

7급 II

立 설 립

부수 : 立(설 립)
획수 : 총 5획

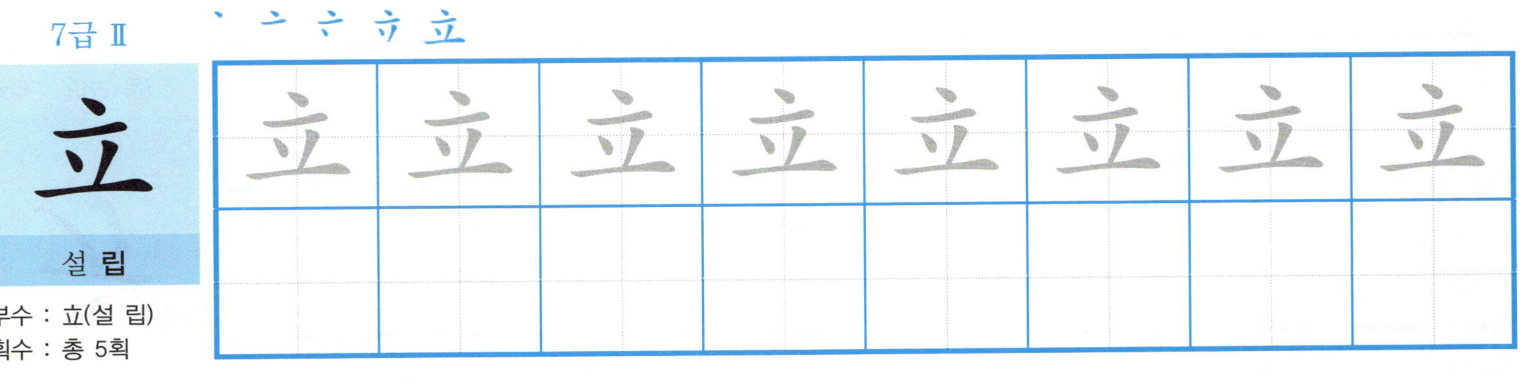

● 배정한자를 활용해 단어를 써보세요.

每	重	每	重			
매양 매(:)	무거울 중:	매양 매(:)	무거울 중:			
直	立	直	立			
곧을 직	설 립	곧을 직	설 립			

7급
ノ ク 夕
夕
저녁 석
부수 : 夕(저녁 석)
획수 : 총 3획

7급
ノ イ イ´ イ゛ イ゛ 住 住
住
살 주:
부수 : 人(사람 인)
획수 : 총 7획

7급 Ⅱ
` ㅗ ㅗ 亠 言 言 言 訂 訂 訂 話 話
話
말씀 화
부수 : 言(말씀 언)
획수 : 총 13획

7급
一 十 才 木 木 杧 杧 柿 梢 植 植 植
植
심을 식
부수 : 木(나무 목)
획수 : 총 12획

● 배정한자를 활용해 단어를 써보세요.

夕 住	夕 住			
저녁 석 · 살 주:	저녁 석 · 살 주:			
話 植	話 植			
말씀 화 · 심을 식	말씀 화 · 심을 식			

7급 出

날 출

부수 : 凵(위터진입 구)
획수 : 총 5획

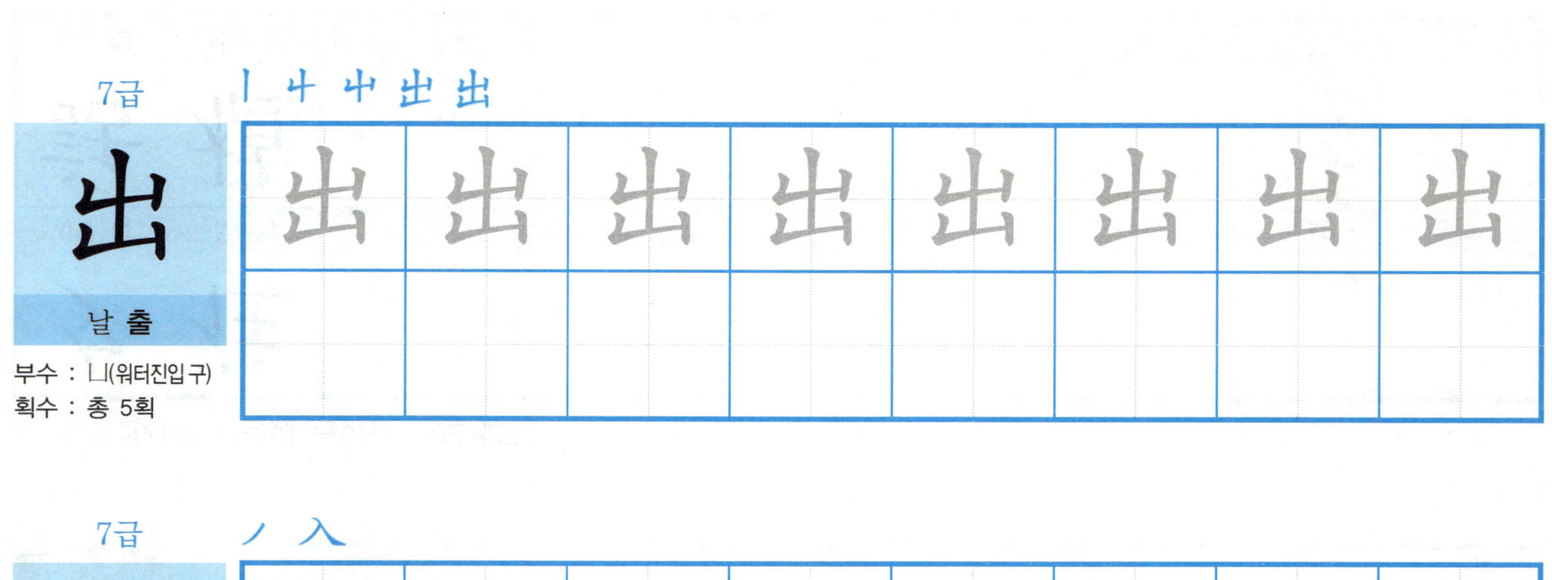

7급 入

들 입

부수 : 入(들 입)
획수 : 총 2획

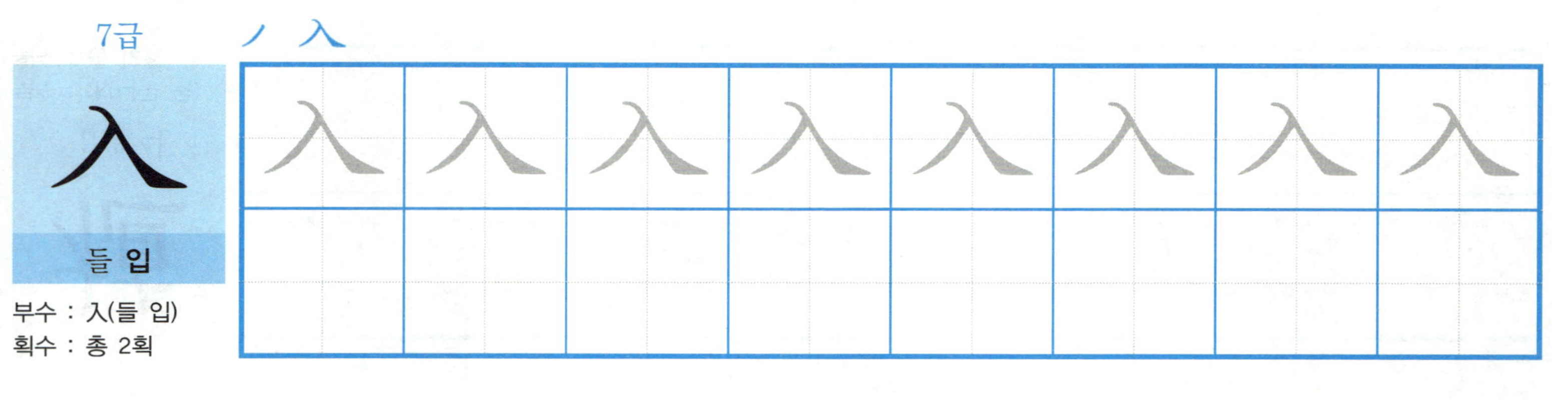

7급 Ⅱ 市

저자 시:

부수 : 巾(수건 건)
획수 : 총 5획

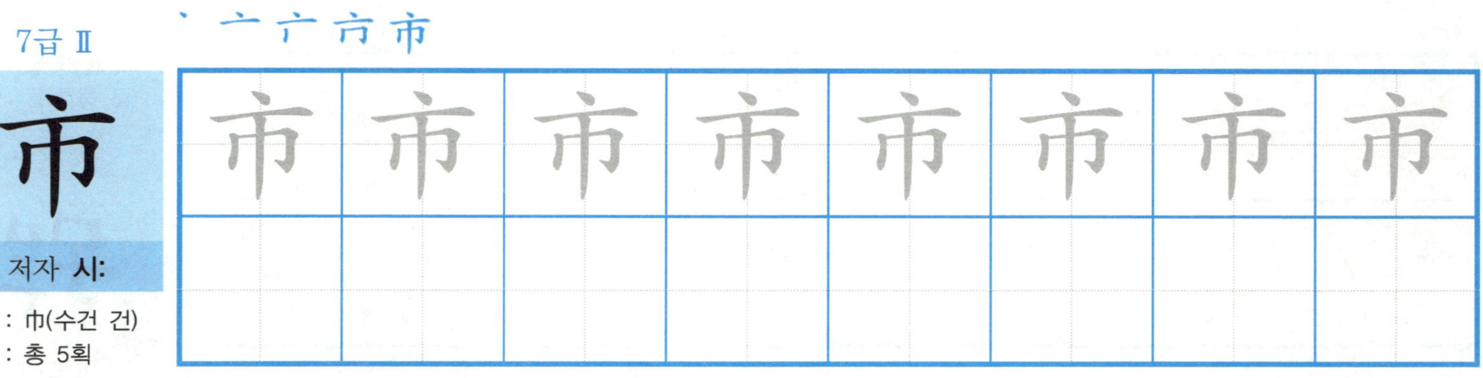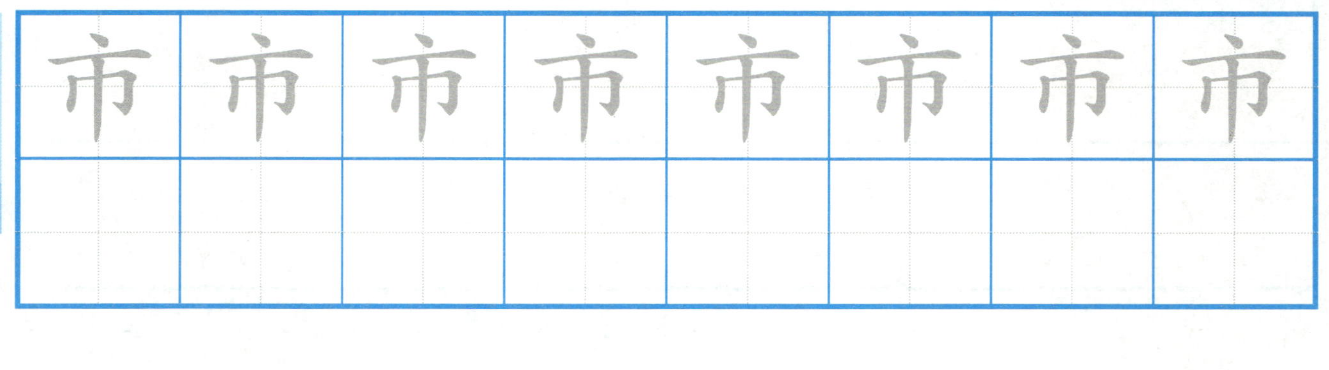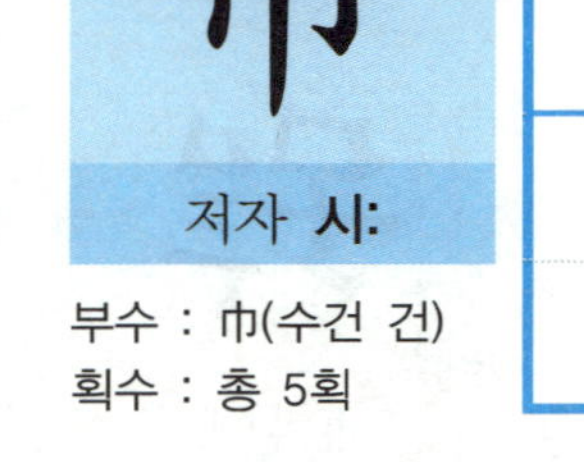

7급 Ⅱ 場

마당 장

부수 : 土(흙 토)
획수 : 총 12획

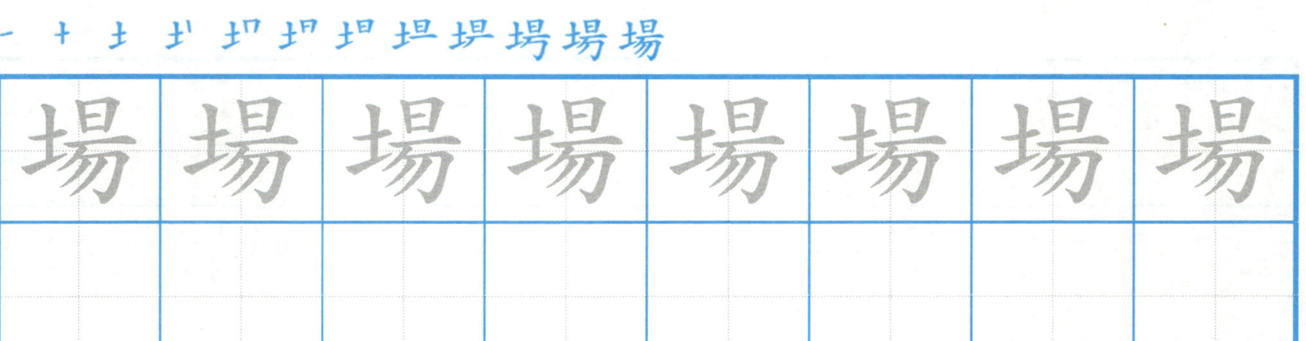

● 배정한자를 활용해 단어를 써보세요.

出	入	出	入		
날 출	들 입	날 출	들 입		
市	場	市	場		
저자 시:	마당 장	저자 시:	마당 장		

7급

問

물을 문:

부수 : 口(입 구)
획수 : 총 11획

丨 冂 冂 冂 門 門 門 門 問 問 問

問 問 問 問 問 問 問 問

7급 Ⅱ

答

대답 답

부수 : 竹(대(나무) 죽)
획수 : 총 12획

답 답 답 답 답 답 答 答

答 答 答 答 答 答 答 答

7급 Ⅱ

姓

성 성:

부수 : 女(계집 녀)
획수 : 총 8획

乚 夕 女 女 女 妕 姓 姓

姓 姓 姓 姓 姓 姓 姓 姓

7급

命

목숨 명:

부수 : 口(입 구)
획수 : 총 8획

丿 人 스 合 合 合 命 命

命 命 命 命 命 命 命 命

● 배정한자를 활용해 단어를 써보세요.

問	答	問	答				
물을 문:	대답 답:	물을 문:	대답 답:				
姓	命	姓	命				
성 성:	목숨 명:	성 성:	목숨 명:				

배정한자(配定漢字) 쓰기

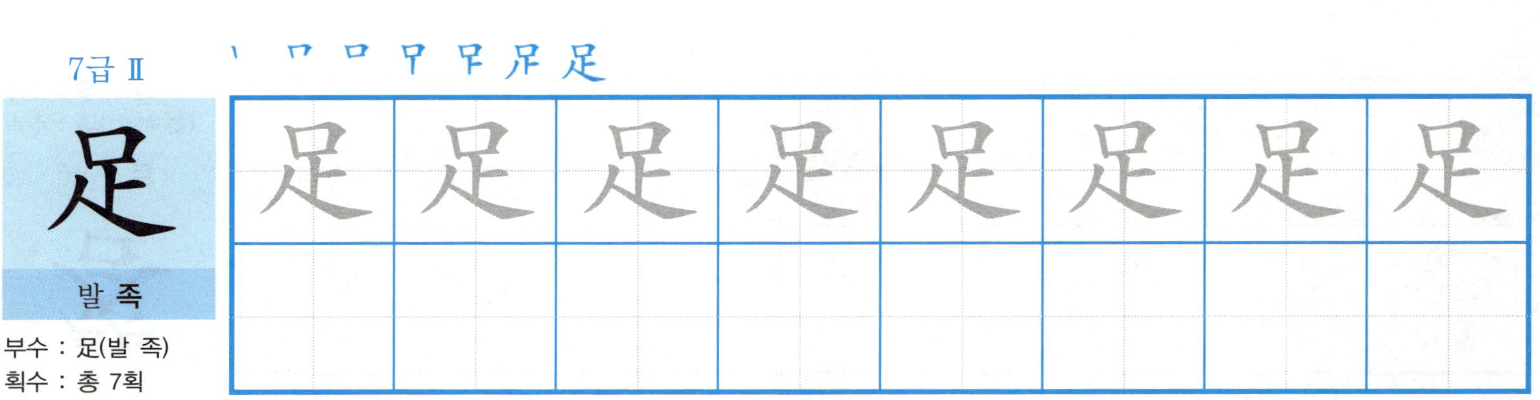

7급 ｜ 冂 冂 同 同 同

同
한 가지 동
부수 : 口(입 구)
획수 : 총 6획

7급 Ⅱ ノ ク タ タ 名 名

名
이름 명
부수 : 口(입 구)
획수 : 총 6획

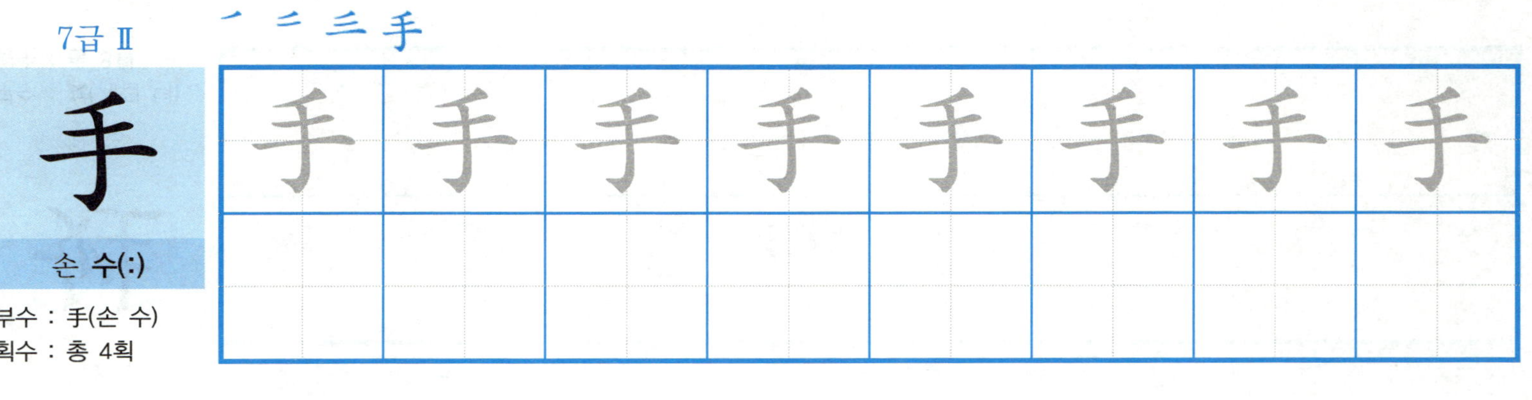

7급 Ⅱ ニ 三 手

手
손 수(:)
부수 : 手(손 수)
획수 : 총 4획

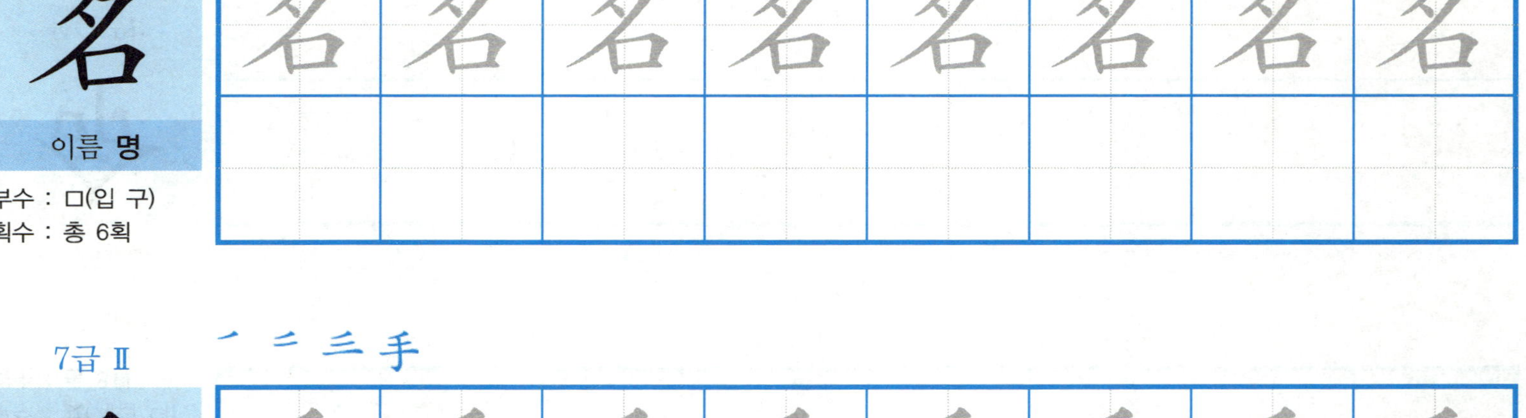

7급 Ⅱ ｜ 口 口 卩 乲 乲 足

足
발 족
부수 : 足(발 족)
획수 : 총 7획

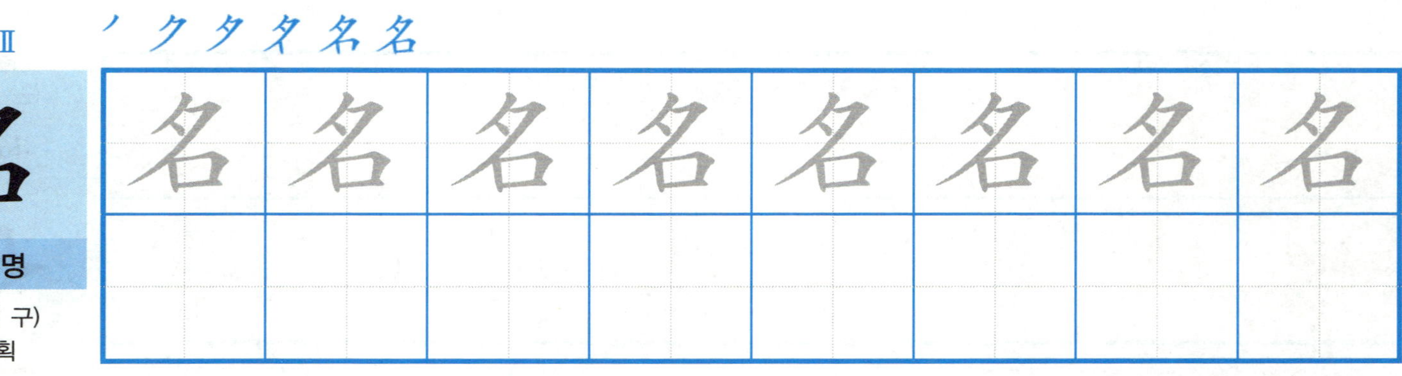

● 배정한자를 활용해 단어를 써보세요.

同	名	同	名		
한 가지 동	이름 명	한 가지 동	이름 명		
手	足	手	足		
손 수(:)	발 족	손 수(:)	발 족		

7급 Ⅱ	 電	一 厂 戶 币 币 币 乕 雨 雨 雫 雫 雷 電 電

電
번개 **전**:
부수 : 雨(비 우)
획수 : 총 13획

電 電 電 電 電 電 電 電

7급 Ⅱ	 氣	丿 ト 仁 气 气 気 氖 氧 氣 氣

氣
기운 **기**:
부수 : 气(기운 기)
획수 : 총 10획

氣 氣 氣 氣 氣 氣 氣 氣

7급 Ⅱ

丿 亻 仃 白 白 自

自
스스로 **자**:
부수 : 自(스스로 자)
획수 : 총 6획

自 自 自 自 自 自 自 自

7급 Ⅱ

丿 二 仁 乍 台 白 盲 重 重 動 動

動
움직일 **동**:
부수 : 力(힘 력)
획수 : 총 11획

動 動 動 動 動 動 動 動

● 배정한자를 활용해 단어를 써보세요.

電 氣	電 氣		
번개 **전**: 기운 **기**:	번개 **전**: 기운 **기**		
自 動	自 動		
스스로 **자** 움직일 **동**:	스스로 **자** 움직일 **동**:		

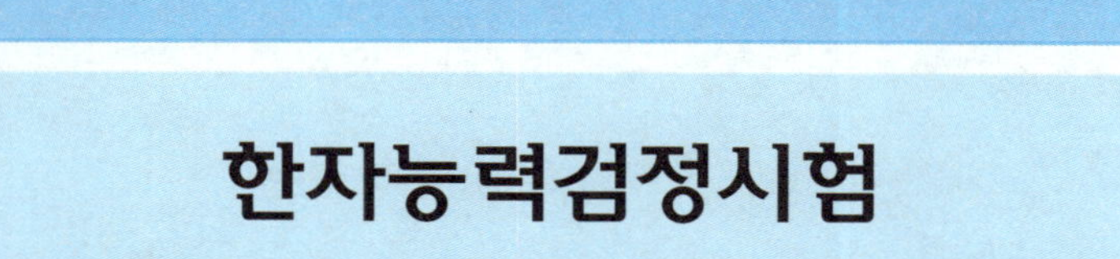

한자능력검정시험
기출·예상문제집 7급

발 행 일 | 2026년 5월 20일
발 행 인 | 한국어문한자연구회
발 행 처 | 한국어문교육연구회
주   소 | 경기도 남양주시 다산순환로 20 B동
          3층 34호(다산현대 프리미엄캠퍼스몰)
전   화 | 02)332-1275, 031)556-1276
팩   스 | 02)332-1274
등록번호 | 제313-2009-192호
I S B N | 979-11-91238-88-4 13700

이 책의 무단 전재 또는 복제 행위는 저작권법 제136조에 의거 5년 이하의
징역 또는 5000만 원 이하의 벌금에 처하거나 이를 병과할 수 있습니다.

정가 15,000원